教育部人文社会科学研究规划基金项目"基于用户画像的精准阅读推广研究"（项目批准号：19YJA870017）

基于用户画像的精准阅读推广研究

朱东妹◎著

安徽师范大学出版社
ANHUI NORMAL UNIVERSITY PRESS

·芜湖·

图书在版编目(CIP)数据

基于用户画像的精准阅读推广研究 / 朱东妹著.

芜湖 : 安徽师范大学出版社, 2024.12. -- ISBN 978-7-5676-6900-0

Ⅰ. G250.76

中国国家版本馆CIP数据核字第2024ZT6496号

基于用户画像的精准阅读推广研究

朱东妹◎著

责任编辑 : 李子旻　　　　　责任校对 : 吴毛顺　吴山丹

装帧设计 : 王晴晴　冯君君　　责任印制 : 桑国磊

出版发行 : 安徽师范大学出版社

　　　　　芜湖市北京中路2号安徽师范大学赭山校区

网　　　址 : https://press.ahnu.edu.cn

发 行 部 : 0553-3883578　5910327　5910310(传真)

印　　　刷 : 江苏凤凰数码印务有限公司

版　　　次 : 2024年12月第1版

印　　　次 : 2024年12月第1次印刷

规　　　格 : 700 mm × 1000 mm　1/16

印　　　张 : 15.25

字　　　数 : 248千字

书　　　号 : 978-7-5676-6900-0

定　　　价 : 52.80元

凡发现图书有质量问题,请与我社联系(联系电话 : 0553-5910315)

前　言

2012年,党的十八大报告首次将"开展全民阅读活动"列为我国社会主义文化强国建设的重要举措。党的二十大报告提出"深化全民阅读活动"。"全民阅读"连续十一次写入政府工作报告,彰显了我国在推动阅读事业发展上的持续关注和高度重视。从2014年的"倡导全民阅读",到2023年的"深入推进全民阅读",再到2024年的"深化全民阅读活动",标志着"全民阅读"已经进入新的发展阶段。

近些年,人们的阅读率显著提高,阅读环境明显改善,文化产业蓬勃发展。然而,随着移动互联网络技术的快速发展和海量的数字信息生成,一部分人忽视了传统的人文阅读和纸质阅读的重要性。海量的数字信息使得人们面临信息过载和信息选择的困难,如何在信息洪流中找到精准、有效的信息成为一大挑战。因此,图书馆作为阅读推广者和阅读服务者,需要进一步深入思考并推出更具针对性的阅读推广策略,帮助读者提升其阅读体验和阅读能力。

本书通过深入研究高校图书馆读者用户画像,旨在了解大学生对阅读的需求和偏好;提出更精准、个性化的阅读推广策略,培养大学生良好的阅读习惯和阅读能力;助力大学生提升个人文化素养,完善个人学术、职业发展,推动"全民阅读"的发展。

全书主要研究内容如下:

第1章梳理了用户画像和精准阅读推广的相关内容。一方面,阐述了用户画像的概念与特征、产生背景、国内外研究现状,介绍了用户画像的用户标签的构建、用户画像的构建流程和用户画像的关键技术。另一方面,阐述了精准阅读推广的概念、国内外研究现状、产生的背景和研究趋势,强调了精准阅读推广在信息传播和个性化阅读推荐等方面的重要性。

第2章介绍了大数据和数据仓库的概念、特征、系统结构和构建方案,探讨了大数据的5V特性、生态系统和Hadoop安装部署模式。同时,强调了数据仓库作为面向主题的数据集合对支持决策分析的重要性。

第3章介绍了数据抽取、转换、加载(ETL)技术的主要步骤,讨论了数据查询与处理所使用的工具和语言。同时,结合结构化数据、非结构化数据和半结构化数据两个示例,介绍了ETL工具和技术的应用。

第4章介绍了联机分析处理(OLAP)的构成要素、功能和基本操作。通过使用OLAP,用户可以对数据进行切片、切块、钻取和旋转,从不同的角度深入分析和挖掘数据。为了方便读者更深入、更灵活地理解和分析多维数据,每种操作均结合示例说明其在用户画像构建中的应用场景和效果。

第5章介绍了开发挖掘类标签所需的数据挖掘算法,包括分类算法中的决策树算法和人工神经网络算法,以及关联规则算法中的Apriori算法。此外,还介绍了K-Means聚类算法和两步聚类算法。这些算法为开发挖掘类标签提供了重要的理论支持和技术方法。

第6章介绍了读者画像构建的实践案例,利用安徽师范大学图书馆的实际数据,构建了完整的读者画像。通过使用SQL语句对事实类标签和统计类标签进行开发,并结合OLAP技术进行可视化分析,发现读者的行为规律和特征偏好。同时,通过数据挖掘中的分类算法、关联规则算法和聚类算法,开发挖掘类标签。此外,组合已开发好的各类标签,进行多维分析和可视化展示。

第7章基于已构建的读者画像,深入了解读者的行为,结合读者群的阅读偏好和活跃度,针对不同读者群定制精准化服务策略。并从可持续发展的角度,提出了多维度的保障措施,包括馆员素养、用户隐私、智能发展和服务创新,旨在为高校图书馆的精准阅读推广提供支持。

　　本书撰写的过程中,得到了翁江悦、林旺、章怡欣等老师的大力支持,在此深表感谢。在文献调研过程中,本书参考了国内外学者的研究成果,在此向这些学者表示崇高的敬意。由于作者水平有限,书中难免存在不足之处,敬请广大读者批评指正。

目　录

第1章　用户画像与精准阅读推广 ……………………………………………1

　　1.1　用户画像 …………………………………………………………1

　　1.2　精准阅读推广 ……………………………………………………12

第2章　大数据与数据仓库 …………………………………………………23

　　2.1　大数据概述 ………………………………………………………23

　　2.2　数据仓库 …………………………………………………………32

第3章　数据抽取、转换及加载 ……………………………………………40

　　3.1　ETL概述 …………………………………………………………40

　　3.2　数据查询与处理 …………………………………………………51

　　3.3　ETL工具和技术 …………………………………………………63

第4章　联机分析处理 ………………………………………………………80

　　4.1　联机分析处理概述 ………………………………………………80

　　4.2　OLAP的基本操作 ………………………………………………84

第5章 数据挖掘 ⋯⋯⋯⋯⋯⋯⋯⋯⋯⋯⋯⋯⋯⋯⋯⋯⋯⋯91

  5.1 分类 ⋯⋯⋯⋯⋯⋯⋯⋯⋯⋯⋯⋯⋯⋯⋯⋯⋯⋯⋯⋯91

  5.2 关联规则 ⋯⋯⋯⋯⋯⋯⋯⋯⋯⋯⋯⋯⋯⋯⋯⋯⋯102

  5.3 聚类 ⋯⋯⋯⋯⋯⋯⋯⋯⋯⋯⋯⋯⋯⋯⋯⋯⋯⋯⋯111

第6章 读者画像 ⋯⋯⋯⋯⋯⋯⋯⋯⋯⋯⋯⋯⋯⋯⋯⋯120

  6.1 读者画像框架 ⋯⋯⋯⋯⋯⋯⋯⋯⋯⋯⋯⋯⋯⋯⋯120

  6.2 工具选择 ⋯⋯⋯⋯⋯⋯⋯⋯⋯⋯⋯⋯⋯⋯⋯⋯⋯126

  6.3 数据抽取、转换及加载 ⋯⋯⋯⋯⋯⋯⋯⋯⋯⋯126

  6.4 建立标签体系 ⋯⋯⋯⋯⋯⋯⋯⋯⋯⋯⋯⋯⋯⋯127

  6.5 非挖掘类标签开发 ⋯⋯⋯⋯⋯⋯⋯⋯⋯⋯⋯⋯131

  6.6 OLAP分析模型 ⋯⋯⋯⋯⋯⋯⋯⋯⋯⋯⋯⋯⋯⋯136

  6.7 挖掘类标签开发 ⋯⋯⋯⋯⋯⋯⋯⋯⋯⋯⋯⋯⋯149

  6.8 读者阅读内容分析 ⋯⋯⋯⋯⋯⋯⋯⋯⋯⋯⋯⋯200

第7章 精准阅读推广策略 ⋯⋯⋯⋯⋯⋯⋯⋯⋯⋯⋯210

  7.1 基于偏好分析的读者群画像阅读推广策略 ⋯⋯⋯210

  7.2 基于活跃度聚类分析的阅读推广服务 ⋯⋯⋯⋯213

  7.3 完善基于用户画像的阅读推广保障机制 ⋯⋯⋯223

参考文献 ⋯⋯⋯⋯⋯⋯⋯⋯⋯⋯⋯⋯⋯⋯⋯⋯⋯⋯⋯229

第1章　用户画像与精准阅读推广

1.1　用户画像

1.1.1　用户画像的概念与特征

"用户画像"最早由交互设计之父 Alan Cooper 提出,是建立在一系列真实数据上的用户目标模型,是对真实用户的虚拟化。它通过对用户的属性特征数据、行为数据、兴趣偏好等多维度数据进行综合分析和描述,得出用户的特征档案,从而更好地了解用户需求和行为。

目前,用户画像的定义有两种认识:用户角色画像(User Personal)和用户数据画像(User Profile)。其中"Personal"代表用户画像需要满足的八个条件,包括基本性(Primary)、同理性(Empathy)、真实性(Realistic)、独特性(Singular)、目标性(Objectives)、数量性(Number)、应用性(Applicable)和长久性(Long)。

User Personal 本质上是一个用于沟通的工具,它建立在对真实用户深刻理解和高精准相关数据的概括之上,虚拟的用户模型包含典型用户特征的人物形象。这类画像的主要特征包括角色描述和用户目标,可以代表相似的用户群体或类型,也可以代表个体,使用时需针对具体情境、具体产品的行为和目标进行区分。

User Profile 也称为用户信息标签化,通过搜集用户多维度的信息数据,包括社会属性、用户偏好、生活习惯、用户行为等,对其进行统计、分析及挖掘,从而抽象出来标签化用户模型。该模型可以形成用户属性画像、用户兴趣画像、用户行为画像等。这类画像的主要特征包括真实性(搜集每个用户的真实信息)、时效性(实时追踪用户信息的动态变化)、覆盖度广(能够监测用户多维度、不同粗细粒度的信息)。User Personal 与 User Profile 两者的区别,如表 1-1 所示。

表 1-1　User Personal 与 User Profile 的区别

	User Personal	User Profile
定义	虚拟的用户模型	真实的用户数据集
内容	用户特征、目标、能力、态度的抽象模型	用户实时、真实、动态的行为数据统计
用途	初期描述目标用户,指导产品设计	后期追踪用户行为,观察、预测用户行为
方法	定性研究方法	定量研究方法与数据分析

本书中的用户画像指的是用户数据画像。对于用户数据画像,相关学者多围绕用户特征、属性与标签阐述用户画像概念。例如,李三凤(2010)将图书馆中的用户画像概念阐述为在进行大量用户调研的前期工作基础上,提取凝练出关键指标,这些指标与用户需求密切相关,并采用模型化的方法得出用户的典型特征。Teixeira 等(2015)认为从数据中抽取的描述用户兴趣偏好的模型就是用户画像,因为该模型集合了用户的特征与信息。曾建勋(2017)认为用户画像指获取与用户需求趋向相关的信息,在此基础上用模型表达,生成特定的用户标签。陈慧香和邵波(2017)认为用户画像是基于一系列真实数据,用于了解用户并发现其真实和潜在需求的目标用户模型。

1.1.2 用户画像的产生背景

自 1991 年 Tim Berners-Lee 建立万维网（World Wide Web）以来,用户的角色不再局限于资源使用者,而是成为资源传播者和创造者。随着时间的推移,人们从互联网时代进入了大数据时代,这是一个新的里程碑。在这个时代中,"个性化服务"成为各行各业发展的趋势。因此,用户画像的概念应运而生。它完美地抽象出了用户的信息全貌,这一点可视为应用大数据的基石。用户画像的产生是大数据时代和个性化服务的需求所推动的,也是人工智能技术发展的结果。具体来说,推动用户画像的产生有以下几方面因素。

（1）用户需求的多样化。随着用户需求的不断变化,管理者需要更好地了解用户的需求和行为,以提供更准确、个性化的服务和产品。用户画像通过对用户的多维度数据进行分析,可以得出用户画像特征,从而更好地了解用户需求和行为。

（2）精准化营销的需求。随着市场竞争的加剧,管理者需要更好地了解用户的需求和行为,以制定更有效的营销策略。用户画像通过搜集和分析用户的信息和行为数据,可以准确了解用户需求和偏好,从而提供更加符合用户需求的产品和服务。

（3）信息储存技术的进步。随着信息储存技术的发展,使得管理者能够在大规模范围内储存和分析数据,搜集和利用用户画像也变得更加可行。

（4）大数据时代的到来。随着大数据时代的到来,管理者可以从各个渠道获取大量的用户数据,包括用户的个人信息、行为数据、兴趣偏好等。这些数据的积累和分析成为了用户画像的重要基础。

（5）人工智能技术的发展。随着人工智能技术的不断发展,管理者可以借助机器学习、自然语言处理等技术,自动分析用户数据,进一步提高用户画像的准确性和效率,从而更好地满足用户需求。

用户画像的产生背后有着广泛的实际应用,通过深入挖掘用户数据,管理者可以洞察用户的偏好、兴趣和行为模式,进而提供更加精准的市场策略和个性化的产品推荐。

1.1.3　用户画像研究现状

1.国外研究现状

技术理论方面:国外学者在技术理论方面提出了多种算法,并将它们应用于用户画像的构建和优化。例如,Billsus and Pazzani(1999)针对用户短期和长期偏好分别提出 KNN 算法和 Bayes 分类算法,这两种有差异的算法有助于更精准地描述用户特征。Nasraoui and Saka(2006)从Web 日志数据中发现用户行为模式,并通过 K-Means 聚类算法构建了具有特征性的用户群体画像,该研究体现了对用户行为模式的深入理解和应用。Amoretti 等(2017)基于情境感知理论提出了一种描述用户个体与群体行为的近似方法,通过 K-Means 聚类算法对用户进行聚类,实现个性化推荐,该研究体现了对用户画像技术理论的综合性探索。

实践应用方面:国外学者不仅在技术理论方面不断创新,还将用户画像应用到实践中,如图书馆服务优化、决策支持等方面。例如,美国北卡罗来纳州立大学于 2013 年将用户画像用于图书馆相关决策中,这不仅完善了对用户需求的评估,还为图书馆空间再造、服务设计等提供了依据,这种实践应用丰富了用户画像的应用场景。Saleh(2014)以Maiduguri 大学图书馆为例,构建读者的需求、偏好和期望模型,以满足图书馆用户的信息需求。Karunanayake 和 Nagata(2014)通过调研日本筑波大学,从五个方面搜集了关于图书馆使用方面的信息,并总结出四种类型的图书馆用户群体,同时也反映出学生在图书馆中的不同行为模式。

阅读画像方面:国外学者采用访谈法、实验测试法、问卷调查法和基于机器学习算法等方法对阅读画像进行了研究,这些方法丰富了人们对读者行为的理解和描述。访谈法:Mohammad Khaled Al-Shboul 等(2014)对来自多行业领域的26位人文学者(教师、研究员)进行访谈研究,构建人文学者的网络信息搜寻行为模式的用户画像。实验测试法:Josefine Karlsson 等(2018)对9~11岁儿童在阅读记叙文和说明文两种不同文体时的阅读行为特征进行研究,得出字面读者、复述读者、阐述读者三类读者的用户画像。问卷调查法:Amelie Rogiers 等(2020)基于PISA(the Program for International Student Assessmen)2009 年的数据,以 15 岁中学生为研究对象,结合问卷调查的方法,从学生的性别、教育经历、经济能力和语言背景等变量研究阅读乐趣度和阅读理解能力的特征画像。基于机器学习算法:Daniel L.Dinsmore 等(2019)运用机器学习算法中的层次聚类算法、贝叶斯聚类算法构建三年级和五年级学生的阅读画像,并对两种算法的聚类结果进行比较,从而得出读者在阅读表现、读者行为等方面的差异。

2.国内研究现状

技术理论方面:吴明礼和杨双亮(2016)提出针对大量的用户移动行为数据,利用 Spark 集群刻画精细化的用户画像。张钧(2017)在传统应用技术的基础上引进自然语言,实现对语音和视频等多媒体资源的关联处理,运用隐语义模型实现个性化资源的精准推荐。孙守强(2019)认为构建鲁棒性强的算法模型能够为用户提供合乎其自身真实需求的用户画像。这些方法的提出为用户画像的实际应用提供了有力的技术理论支撑。

实践应用方面:丁雷(2018)以华南理工大学图书馆用户动态及静态数据为基础,从多时空粒度构建用户画像,挖掘用户群体属性特征、分析和预测用户潜在的需求与行为。陈添源（2018）以闽南师范大学移动图书馆用户群体信息为依据进行实证研究，归纳出四种用户群体，以期改进图书馆服务营销策略。何娟（2019）以图书馆的百名读者为研究对象，利用相似性统计、K-Means聚类算法等方法构建单一用户画像和群体用户画像，并通过问卷调查法对推荐结果进行满意度评价。

阅读画像方面：陈臣和马晓亭（2018）建立了基于小数据读者阅读画像的个体标签体系，并对读者画像的构建流程进行了研究。王顺箐（2018）就智慧型个性化阅读推荐系统的构建提出自己的观点：以读者需求分析为核心模块，同时在数据采集的基础上构建用户画像。都蓝（2019）将用户画像技术应用到高校图书馆年度阅读报告中，便于了解读者阅读倾向，以期开展精准化阅读推广服务。

1.1.4 用户画像的用户标签

1.用户标签的含义与特点

要构建用户画像，就要先了解用户标签。用户标签是对群体或个体特征的总结与归纳，可以说用户画像就是由多个标签组合而成的，在具体的实例中则通过标签值反映用户形象。图书馆用户画像的用户标签由人口统计特征（性别、年龄等），社会属性特征（年级、专业、学院等），行为属性特征（7/15/30日内入馆次数、7/15/30日内借阅次数等），爱好特征（经常借阅T类、H类、I类图书）等标签构成。例如，读者群画像："女，19~23岁，大二，法学，法学院，15日内进馆5~10次，30日内借阅图书2次以上，经常阅读T类图书。"

用户标签具有概括性、动态性、客观性等特点。用户标签需要具有一定的概括性才能最大程度反映不同用户的特征，尽量做到每位用户都拥有尽可能多的标签，以便服务者深入了解用户、提供精准服务。比如基本属性中的性别、年龄、专业、学院、年级、角色、职业等具有概括性和普遍适用性,每位用户都有此类信息。用户标签又具有动态性,随着用户使用时间、次数的增长,行为数据也会随之增长,其所体现的用户特征就会越来越丰富,并且更加贴合当下的用户需求。因此,用户标签不是一成不变的,而是根据用户的行为进行调整并更新的,其反映的是用户在此平台中一定时期内的"新形象"。用户标签主要是通过用户的基本信息和客观真实的行为进行标注,能够客观真实地反映用户特征,因此用户标签同样具有客观性。

2.标签类别

(1)基于标签内容是否变动。

静态标签:包括用户的基本属性和既定事实,如性别、年级、生源地和读者记录号等。这些信息是用户的固有属性,一般不会发生变化。

动态标签:根据用户的行为以一定时间间隔定期更新。这类标签会随着用户行为的变化而变化,以反映用户最近的兴趣和偏好变化。动态标签的变化源自搜集到的数据,因此其对用户的实时行为具有敏感性。

(2)基于标签内容的实现方法。

事实类标签:包含用户的既定事实信息,与静态标签类似。这些信息包括用户的出生年月、性别等。事实类标签是用户的基本属性,具有稳定性。

统计类标签:关注某种特定行为的统计数据。可以是频次、频率的统计,或者在某个时段内该行为的平均发生次数等。统计类标签是最基础、最常见的标签类型。例如,读者借阅次数、月度借阅次数和月均入馆次数都属于统计类标签。这些标签基于真实发生的行为进行统计,因此具有客观的真实性。

规则类标签:根据在设计标签过程中制定的规则来确定。这些规则可以是针对特定行为的定义和规范,通过应用这些规则,符合条件的用户会被贴上相应的标签。例如,将月均借阅图书次数大于5次的读者定义为"活跃读者",符合此规则的读者将被贴上"活跃读者"标签。规则类标签通过结合业务需求对在某一方面具有相似性的用户进行分类。

挖掘类标签:通过挖掘算法揭示用户行为中的潜在规律和偏好,并进行预测的一种标签。确保数据整理和规范是这类标签可靠性的基础,有助于应用挖掘算法以获取准确的分析结果。在使用挖掘类标签时,数据质量至关重要,因为分析这些数据可以产生与用户实际情况相适应的标签。针对图书馆读者,可以基于他们的借阅频率、所借图书类型和阅读时段等特征,运用聚类算法将读者划分为不同的群组。随后,根据聚类的结果,为每个群组分配相应的标签。例如,可以给阅读频率高、喜欢文学类图书的读者分配"文学爱好者"标签,给喜欢科幻类图书的读者分配"科幻迷"标签,给喜欢历史类图书的读者分配"历史热衷者"标签等。

虽然从不同角度将标签分成了不同的类别,但是这些不同类别的标签在实际应用中往往是综合使用的。通过综合考虑不同类别的标签,可以更全面地了解用户的兴趣和行为特征,从而提供更具个性化的服务和推荐。

1.1.5 用户画像构建流程

过去的研究中,已有多种创建用户画像的方法,如 Alen Cooper 的"七步人物角色法",Lene Nielsen 的"十步人物角色法"等。综合以上方法,构建用户画像一般分为搜集数据、数据清洗、标签建模和画像可视化四个步骤。

1.搜集数据

图书馆用户画像的数据来源有后台业务系统数据、SDK（Software Development Kit）埋点数据及调研数据等。以高校图书馆为例，业务系统数据与SDK埋点数据主要包括：用户基本信息方面，如读者类型、性别、专业、学院及年级等；内容偏好方面，如读者入馆、检索、浏览、下载、预约及借阅等行为；互动信息方面，如咨询、评论、收藏及分享等。根据以上内容，可以构建用户的各类标签特征，快速找到精准读者群体和读者真实需求，从而为读者提供精准的阅读推广服务。调研数据可以通过定性的开放式问题来获取，也可以通过定量的问卷调查来获取，主要目的在于更好地了解读者，如新增读者有什么特征与需求，核心读者的相关属性与需求是否变化等。

2.数据清洗

从系统中搜集到的原始数据来自多种业务数据源及各埋点上报数据，由于这些数据所在的硬件设施、操作系统、数据模型及存在方式不同，导致出现数据格式不统一、数值空缺、重复、错误等问题。为保障后续分析与建模的准确性，必须进行诸如抽取、转换、约归等一系列数据清洗工作，将不规范数据整理为规范统一的数据，为画像构建打下坚实的数据基础。

3.标签建模

用户画像有很多特征，数据经过清洗后，需按主题划分构建用户画像标签体系。标签体系是多维度、多层级组织的，可以用树状图表示。将标签按主题分类，针对每个分类进行逐层细分，最末级标签为最细粒度的维度，其标签值就是用户信息在该维度的属性值。以高校图书馆为例，用户画像标签体系如图1-1所示。用户画像实质就是为用户计算

与其相符的特征标签。从不同维度提取用户的行为记录与特征,运用
统计、聚类、分类等数据挖掘算法为用户计算反映其行为特征的标签,
从而细分用户群。

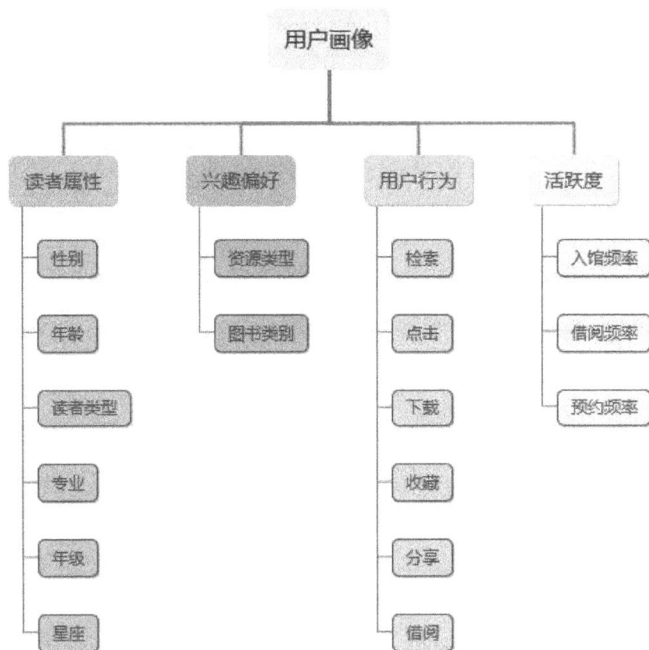

图1-1　高校图书馆用户画像标签体系

4.画像可视化

在数据搜集、清洗和标签建模等工作完成后,需要进一步进行数据可
视化来展现用户的特征和行为。数据可视化是用户画像工作中非常重要
的一部分,因为通过可视化的方式,可以帮助机构更好地理解和解释数据,
将深奥的数据转化为易于理解的图形。可视化技术的选择取决于展现数
据的目的和需求。例如,饼图适合展现数据的占比关系,直方图则适合展
示数据的分布情况,折线图具有展示数据趋势的特点,雷达图和地图则适
合展现数据的空间关系等。利用可视化软件,连接并分析数据,以适当的
形式展现用户的特征和行为,以便更有效地了解读者,并进一步优化图书

馆服务,进行阅读推广和馆藏建设等方面的工作。

1.1.6　用户画像的关键技术

用户画像的创建和分析涉及多种技术,如大数据与数据仓库技术,数据抽取、转换及加载(ETL)技术,联机分析处理(Online Analytical Processing,OLAP)技术,数据挖掘技术和可视化技术。这些技术协同工作,帮助管理者深入了解用户,并为用户提供更加个性化的服务和体验。

(1)大数据与数据仓库技术。大数据技术允许处理和分析庞大的用户数据,从而获得深刻的洞察。数据仓库是存储和管理数据的中心化存储库,用于支持分析和查询数据。将大数据存储到数据仓库中,可以为用户画像提供丰富、多维度的数据,有助于深入了解用户的行为和偏好。

(2)数据抽取、转换及加载技术。该技术用于从多个数据源中抽取数据,将数据转换为适合分析的格式,然后加载到数据仓库中。这一过程确保数据的准确性和一致性,为用户画像提供高质量的数据基础。

(3)联机分析处理技术。该技术能够对多维数据进行交互式分析。它允许用户从不同的角度探索数据,快速进行数据切片、切块和钻取,以发现隐藏在数据中的关联和趋势,从而构建更精细的用户画像。

(4)数据挖掘技术。该技术用于从大数据集中发现模式、关联和趋势。应用分类、聚类、预测等算法可以识别用户行为中的潜在规律和偏好,从而更好地构建用户画像。

(5)可视化技术。可视化技术将数据转化为图表、图形和仪表盘等可理解的形式,帮助管理者更直观地理解用户数据。通过可视化工具,可以从数据中提取洞察,加深对用户的理解,并制定相应的战略和计划。

就高校图书馆而言,通过大数据与数据仓库技术,图书馆可以搜集和存储大量的用户数据。ETL技术可以帮助图书馆从不同的数据源中提取用户数据,并进行数据清洗、转换和整合,确保数据的准确性和一致性。OLAP技术对用户数据进行多维度的切块、钻取和聚合,以深入挖掘用户的行为和偏好。数据挖掘技术可以应用在用户数据中,发现隐藏的规律和模式。可视化技术将用户画像的结果以图表、图形等形式展示出来,帮助图书馆的工作人员和决策者更好地理解和利用用户画像结果。这些关键技术相互协作,共同构建了用户画像的全流程。图书馆能够从大数据中提炼出深刻的用户洞察,创建准确、全面的用户画像,帮助图书馆更好地满足用户需求,提升用户满意度,并在阅读推广中保持优势。

1.2 精准阅读推广

1.2.1 阅读推广的概念

阅读是一种认知行为,是指通过阅读文字等符号或图像等信息来获取知识。读者通过对书籍、报纸、杂志等文字和图片的理解和解读,从而达到获取信息、增加知识、锻炼思维等目的。阅读需要读者具备识字、语言理解、推理分析等能力,读者通过阅读获得知识、体验情感、拓展视野等,是人类文化传承的重要形式之一。阅读范围广泛,涉及各个领域和层面,例如文学、历史、科学、哲学等各类书籍和杂志,以及网络上的各类博客、社交平台和在线文章等。

阅读推广旨在通过各种手段和渠道,提高民众的阅读能力和阅读兴趣,推广阅读文化,以便提高整个社会的文化素质和知识水平,打破阅读的时间、空间限制,让更多人参与到阅读中来。阅读推广的重要性体现在多个方面:首先,阅读是人们获取知识的重要途径,它对于拓宽视野、促进思维创新、增强人们的文化素养和人文精神,都具有重要的作用;其次,阅读推广可以促进文化和知识的传播,让更多的人了解人类文明和世界各地的文化特点;最后,阅读也可以提高国家文化软实力,为国家的发展和社会主义精神文明建设作出贡献。

1.2.2　阅读推广研究现状

阅读推广是图书馆的使命,是图书馆的一项基础服务,一直备受学术界的关注。长期以来,无论是国内还是国外都形成了丰富的阅读推广理论、方法及实践成果。

1.国外阅读推广

20 世纪 70 年代起,西方国家逐渐重视阅读推广,并且将全民阅读推广提升至国家战略层面,其中成效较为突出的国家有美国、英国。美国政府早在 20 世纪 80 年代便开始推进国家级的阅读推广活动,推出了"全民阅读计划",鼓励人们参加阅读活动,提高民众的文化素质和阅读技能。至今,该计划已经推广至全美 50 个州,并且拥有百余个合作伙伴,成为美国最大的阅读推广项目。此外,美国还有许多阅读推广机构和网站,如 Goodreads、LibraryThing 和 BookCrossing 等。Goodreads 是美国最大的在线书评社交网站,用户可以在网站上添加书籍、撰写书评、分享阅读体验和加入不同的阅读俱乐部;LibraryThing 是一款基于社交网络的图书分类管理软件,它可以跟踪用户的阅读记录、图书馆藏和阅读进度,并提供推荐读物和阅读社区;BookCrossing 是一项国际性的图书共享计划,用户可以将自己的书籍放到图书交换站点,其他人可以免费借阅。英国的阅读推广工作十分活跃,成效较为显著,20 世纪 80 年代末英国开始推进全民阅读推广活动,如 1992 年发起促进低龄儿童阅读的"阅读起跑线计划",1998 年发起"国家阅读年"等。英国的"BBC 阅读俱乐部"是一个在线的阅读推广平台,该平台每月向读者推荐一本新书,并且邀请作家和读者分享他们的体验和思考。这样的阅读俱乐部将作家和读者联系起来,为读者提供了更多的阅读灵感和指南,同时也通过互联网和移动设备将阅读推广推向全新的高度。

2.国内阅读推广

21世纪以来,我国阅读推广也已升至国家战略层面,并且在阅读推广理论及方法、阅读推广实践等方面有了广泛且深入的发展。

阅读推广基础理论的新思想及新方法。王波(2015)提出构建层次均衡的阅读推广体系,以多学科理论指导阅读推广,建立真研究、真应用的阅读推广评估体系。邬书林(2017)认为图书馆界与出版界应该探寻阅读规律,提出"传统阅读和数字阅读理应相得益彰"的观点。徐雁(2017)提出学习型家庭、书香校园、图书馆阅读推广多方联动协作的全民阅读"三位一体"推广理念。吴晞(2017)指出无论阅读的形势、形态如何变化,图书馆依然是全民阅读的主体。张怀涛(2017)认为应注重阅读文本、阅读工具和阅读方法的推广。

针对阅读困难人群阅读推广的新探索。范并思(2010)提出阅读困难人群一般包括低幼与学前儿童、低识读能力人群、残障人士、经济困难人群、少数族裔人群等。针对低幼与学前儿童阅读,毛旭(2017)提出"以儿童为中心的齿轮效应"阅读推广策略,将家长、老师与儿童联系起来,帮助儿童建立阅读兴趣、培养阅读习惯。针对残障人士阅读,张春春(2015)从信息生态系统的视角出发,提出图书馆对残障人士阅读服务的路径。

信息时代新媒体技术与新阅读。2005年出现的"图书馆2.0理念与技术"成为众多图书馆阅读推广的有力工具。裴永刚(2012)对联机公共目录检索系统(OPAC2.0)阅读引导模式、移动阅读引导模式和联合协作阅读引导模式进行了分析,并提出应开展与阅读需求相适应的阅读引导方式。杨新涯(2017)介绍了运用新媒体技术在重庆大学图书馆开展的阅读推广新模式。

1.2.3　精准阅读推广产生的背景

21世纪,信息和内容的数量以惊人的速度增长,阅读者需要在这海量的信息中找到所需的信息和知识,但又不能花费太多的时间和精力。如何能够在最短的时间从海量的信息中找到所需的信息和知识,这是阅读者面临的问题。为了解决这个问题,精准阅读推广应运而生。精准阅读推广运用各种技术手段实现信息的筛选和推送,满足用户个性化阅读需求,提高读者阅读效率和阅读体验。通过精准的推荐和服务,读者可以更快速地找到自己感兴趣的内容,同时也能够了解到更多的新知识和新领域。因此,精准阅读推广是数字时代阅读推广的重要发展方向之一,对满足人们的信息和知识需求,提高阅读能力和阅读兴趣,具有重要的意义。

精准阅读推广的要求有:监测和分析读者需求,了解读者的需求和阅读偏好,分析他们的阅读行为和反馈,掌握读者的兴趣点和痛点,为推广提供参考和依据;推荐个性化阅读资源,根据读者的需求和兴趣,提供个性化的阅读推荐,包括图书、杂志、报纸、视频等多种形式的阅读材料,满足读者的多样化需求;提供专业化阅读服务,为读者提供专业化的阅读服务,如阅读指导、文献检索、阅读笔记等,帮助读者养成正确的阅读方法,提高阅读兴趣和能力。

1.2.4　精准阅读推广研究趋势

为了揭示精准阅读推广研究领域的结构和演化规律,本书基于科学知识图谱方法及文献计量学,运用CiteSpace6.1.6软件对检索到的精准阅读推广相关文献进行了多层次可视化分析。

1.相关研究时间分布特征

本书数据来源于中国知网（CNKI），使用高级检索功能，以"精准阅读推广"为主题进行检索，筛选出2014—2023年的相关文献共513篇。在这些文献中，剔除会议论文和报纸文章，最终得到509篇相关文献作为分析数据源。

文献年发表数量及年际变化是衡量某一研究主题研究热度变化趋势的重要指标。重庆大学图书馆的杨新涯（2014）在《中国教育网络》上发表了该主题的第一篇论文《图书馆：更主动，更精准》，探讨了在信息技术环境下图书馆阅读推广的研究。此后，年发文量持续上升。如图1-2所示，展示了2014—2023年我国精准阅读推广研究文献年发文量及累计发文量。2020—2021年，以"精准阅读推广"为主题的研究文献数量显著增加，其中2021年以该主题发布文献最多。2020—2023年，年发文量呈现小幅波动。这些变化反映了"精准阅读推广"领域的科研成果持续产生，表明该领域至今仍具有较高的研究价值。

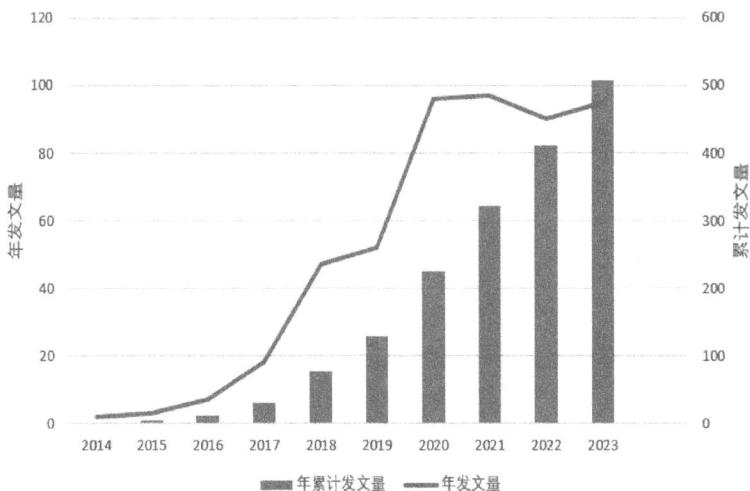

图1-2　2014—2023年我国精准阅读推广研究文献年发文量及累计发文量

2014—2023年我国精准阅读推广研究文献包括七个主要学科:图书情报与数字图书馆、计算机软件及计算机应用、高等教育、出版、自动化技术、新闻与传媒和贸易经济等。不同学科与精准阅读推广的交叉融合,推动了精准阅读发展的多样化,并为其推广提供了更多可能性。同时说明精准阅读推广的推进需要各领域的人才,因为这个过程涉及多个方面的知识和技能,需要综合不同学科的专业知识来确保精准阅读推广活动的全面、有效。例如,文学专业的人才更了解文学爱好者的兴趣;市场营销专业的人才可以研究并满足不同年龄群体的需求;传播学和广告学的人才能够提供有效的传播策略,增加活动的曝光度;信息技术和数字营销专业的人才能够推动推广活动的数字化和信息化;文化研究和社会学等专业的人才可以帮助深入了解不同文化和社会背景下的阅读需求;教育学专业的人才能够设计并实施针对不同年龄段读者的教育性阅读推广活动;心理学专业的人才能够理解读者的心理需求,设计更具吸引力和情感共鸣的推广活动;编辑与出版专业的人才能够提供出版方面的专业知识,确保推广材料的质量和吸引力。通过整合不同学科的专业知识,精准阅读推广能够更全面、更深入地满足读者群体的需求,提高推广活动的有效性和可持续性。因此,需要注重各领域对适用于精准阅读推广领域专业人才的培养,促进精准阅读推广领域的交叉融合,进而让其发展更加多元化、个性化和高质量。

2.精准阅读推广研究的热点主题

关键词分析能够突显文章的研究重点,抓住关键词有助于更好地把握研究热点。本书运用CiteSpace软件对2014—2023年我国精准阅读推广文献进行了关键词共现分析,以挖掘该领域的研究热点主题。

在CiteSpace6.1.6的"数据设置"界面,选择以下设置:Time Slicing:"2014-2023,1";Node Types:"Keyword";– Selection Criteria:"Top N,N=50";Pruning:"Pruning sliced networks",最后生成了我们选定样本文献

的关键词共现网络分析图。图 1-3 展示了 2014—2023 年我国精准阅读推广研究的关键词共现网络分析。在图 1-3 中,节点大小与关键词的词频成正比,节点越大表示词频越高;标注节点的文字大小与节点中心性强度成正比,即标注节点的文字越大表示中心性越强;节点的年轮层次表示关键词的持续周期,年轮层次越丰富表示持续周期越长;节点间连线数量与共现次数成正比,连线数量越多表示共现关系越强。

根据图中显示的信息可以看出,"阅读推广"和"图书馆"两个关键词标注的文字最大且连线最多,具有较强的中心性,是研究的主题。因此,图书馆作为资源提供者和实施方在阅读推广中扮演重要角色。其他较大节点,如"新媒体""全民阅读""用户画像""数字阅读""大数据""高校""人工智能"等关键词代表了精准阅读推广领域的重要概念和发展方向。将不同领域与精准阅读推广结合能够使推广更有效、更贴近用户需求。这种跨领域的结合可以提升推广效果和用户体验,还可以定制个性化的阅读推广体验,从而提高用户参与度。

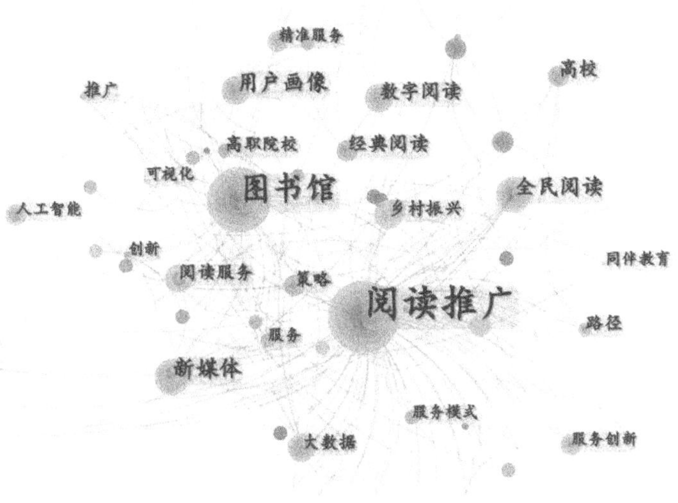

图 1-3　2014—2023 年我国精准阅读推广研究的关键词共现网络分析

3.精准阅读推广前沿热点追踪

通过对精准阅读推广研究的演变进行分析,可以更清晰地观察到该领域的发展方向和发展脉络,并且能进一步预测该领域的研究趋势。CiteSpace 软件的 Timeview 功能可以实现演进路径的可视化分析,同时还能对相关的关键词进行主题聚类。利用 CiteSpace6.1.6 对所选取的样本文献进行关键词时间线分析,时间线中节点的大小与中心度成正比,节点越大表示中心度越高。图 1-4 为 2014—2023 年我国精准阅读推广关键词时间线分布,关键词主要归纳为九个聚类。时间线图还展示了各聚类中各个分支主题的活跃年份。由图 1-4 可知,#0 图书馆和#3 新媒体这两个聚类最早开始、持续时间长、关键词较多,说明在精准阅读推广领域,图书馆和新媒体的研究历史悠久且较为深入;#1 创新、#2 大数据、#4 全民阅读、#5 场景理论、#6 高职院校,这些聚类开始稍晚、持续时间较长、关键词较多,说明近些年这些聚类逐渐受到精准阅读推广领域的关注,并成为研究的热点;#7 志愿服务和#8 高校两个聚类的关键词较其他聚类较少,这意味着在精准阅读推广领域,对志愿服务和高校的相关研究还相对较少。

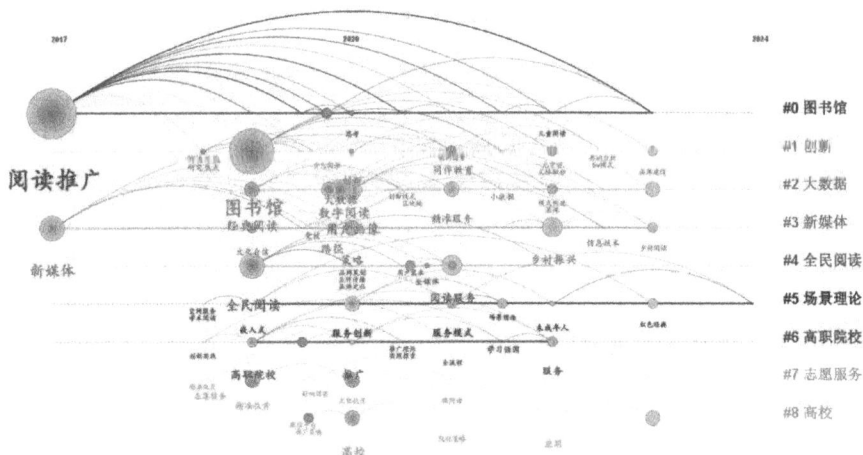

图 1-4　2014—2023 年我国精准阅读推广关键词时间线

除了分析各聚类的时间演进,我们可以将时间线中的九个聚类根据其在精准阅读推广中的作用进一步归纳为三个大类:精准阅读推广组织研究、精准阅读推广技术研究和精准阅读推广核心要素研究。

聚类#0图书馆、#6高职院校、#8高校与精准阅读推广组织有关。#0图书馆的标签序号最小,#0图书馆作为精准阅读推广开展的主体在精准阅读推广研究领域占据重要地位。图书馆的类型有许多种,例如公共图书馆、学校图书馆、党政图书馆等。公共图书馆是面向公众开放的图书馆,它们扮演着促进社会阅读、提供丰富阅读资源的角色,公共图书馆可以通过免费借阅图书、开设阅读推广活动、展览和培训等方式,吸引和引导读者积极参与阅读活动。学校图书馆主要面向学生和教师群体,它们致力于提供与学习和教学相关的图书和资料,学校图书馆可以通过设计阅读推广计划、组织读书活动、举办讲座和阅读竞赛等方式,激发师生的阅读兴趣,促进他们的阅读能力发展。党政图书馆是为政府机关和党政组织服务的图书馆,它们提供政府公文、法律法规等相关阅读材料,党政图书馆可以通过展示阅读推广成果、举办研讨会和培训班等活动,推动党政干部的阅读培训和知识更新。除了上述类型的图书馆,还有其他特殊领域的图书馆,如专业图书馆、科研机构图书馆等,它们在精准阅读推广中也发挥着重要作用,根据自身的特点和读者需求,开展相应的阅读推广活动和服务。另外,#6高职院校、#8高校在精准阅读推广方面也扮演着重要的角色。#6高职院校作为职业教育的重要组成部分,可以通过设置教学课程、组织实践教学等方式,培养学生的阅读兴趣和阅读能力,帮助他们获取相关专业知识。#8高校作为高等教育的机构,可以通过开设阅读课程、建立阅读社群和推动学术研究等方式,培养学生的阅读习惯、批判性思维和学术素养,进一步推动精准阅读推广的发展。

聚类#2大数据、#3新媒体与精准阅读推广技术研究有关。#2大数据与#3新媒体都是目前应用较多、较为流行的技术。大数据和新媒体提供了更多的数据和渠道,帮助阅读推广机构更好地了解读者需求,实施个性化的推广策略,并创新推广形式,提升阅读的质量和效果。#2大数据技术可以提供庞大的数据量和强大的数据分析能力,对于精准阅读推广具有重要意义。通过搜集和分析读者的阅读行为、阅读偏好、阅读习惯等数据,可以深入了解读者的需求,形成用户画像,以便根据画像精准推送适合他们的阅读内容和推广活动。此外,大数据还可以利用数据挖掘和机器学习等技术,发现潜在的读者群体,并进行个性化的阅读推荐,提升推广效果和阅读体验。#3新媒体技术包括社交媒体、移动应用程序、在线平台等,它们在精准阅读推广中提供了新的渠道和方式。通过新媒体平台,可以进行精准的目标用户定位,并实施精准的推广策略。同时,新媒体还可以提供互动性强、参与度高的阅读推广形式,如在线读书会、互动讨论等。此外,新媒体还可以结合多媒体、虚拟现实、增强现实等技术,创新阅读推广形式,吸引读者的注意力,增加阅读的趣味性和参与度。

聚类#1创新、#4全民阅读、#5场景理论、#7志愿服务与精准阅读推广核心要素研究有关。精准阅读推广需要不断创新,以全民阅读为核心,结合场景理论指导推广策略,并积极吸引志愿者的参与,从而取得更好的推广效果。#1创新一直是各行业发展的关键,它推动着行业的进步。在精准阅读推广中,创新的重要性不言而喻。不断融入新技术,能更好地把握精准阅读推广的准确性和广度,促进推广方式、推广技术、推广活动的不断更新,以更好地满足用户需求。#4全民阅读一直是阅读推广的核心,精准阅读推广也不例外。在不同层次的图书馆中实现精准阅读推广,从而对人类行为、情感价值和认知过程产生深远的影响。正如#5场景理论所述,图书馆作为特定的文化环境,能够促进阅读活动的展开,需要根据不同的图书馆环境来决定推广策略,以实现更精准的推广效果。#7志愿服务一直贯穿于社会的各个领域,对于精准阅读推广也是必不可少的。许多推广活动需要志愿者的参与,他们的付出和支持是推广工作取得成功的关键。因此,在精准阅读推广的过程中,积极吸引和组织志愿者参与,能够更好地开展推广工作。

通过对用户画像、阅读推广研究现状和精准阅读推广研究趋势的分析,可以看出,在图书馆阅读领域,研究用户画像的理论和实践应用已成为当前的研究热点之一。国外已经开展了针对不同类型读者的阅读行为和搜索行为等方面的研究,我国也进行了一些理论探索。然而,在应用画像技术进行精准阅读推广方面的实证研究较为匮乏。值得注意的是,高校关键词在精准阅读推广趋势分析中相比其他聚类关键词要少,这意味着对于高校图书馆的精准阅读推广研究还有待深入。高校图书馆作为阅读资源的主要提供者和推广者,具有丰富的阅读资源和读者群体,因此在高校图书馆中进行精准阅读推广研究具有重要的实践意义。随着用户画像技术和大数据分析能力的不断提升,精准阅读推广研究呈现利好趋势。未来的研究可能会更加注重从多渠道获取用户数据,深入分析用户兴趣和需求,并根据用户画像进行精准化的阅读推广服务,同时可以为其他类型图书馆和相关阅读机构提供借鉴和参考。

第2章　大数据与数据仓库

2.1　大数据概述

2.1.1　什么是大数据

对于"大数据",麦肯锡全球研究所给出的定义是:一种规模大到在获取、存储、管理、分析方面大大超出了传统数据库软件工具能力范围的数据集合。这些数据来源广泛,包括社交媒体、传感器、网页点击、移动设备、日志记录等。从这一基础出发,可以将大数据分为狭义和广义两个层面。

狭义上,大数据是对海量数据进行处理的软件技术体系,是一种技术栈,它使用分布式技术处理海量数据,以便从中挖掘有价值的信息和见解。

广义上,大数据是数字化、信息化时代的基础支撑,用数据为生活赋能。

大数据不仅是一种技术,更是一股强大的力量,既在技术层面改变了数据的处理方式,也在更高的层面赋予了我们的生活以新的可能性和动力。大数据已成为我们生活中不可或缺的一部分。

2.1.2　大数据的特征

大数据的特征可以用"5V"来描述,即规模性、多样性、价值性、高速性、真实性。

规模性(Volume):数据体量大。大数据的首要特征是采集数据量大、存储数据量大、计算数据量大,起始计量单位至少是PB量级。海量的数据为我们提供了深入分析和洞察的机会,从中获得有价值的见解。

多样性(Variety):类型、来源多样化。数据类型有结构化、半结构化、非结构化;数据来源包含文本、图片、音频、视频等不同形式的数据。这种多样性使得数据之间呈现高度复杂的关联性,挑战着我们对数据进行有效处理和分析的能力。

价值性(Value):信息海量但价值密度低。这意味着有用信息可能只占其中一小部分。因此,挖掘数据中的有用信息并将其转化为有价值的洞察是大数据分析的关键目标。

高速性(Velocity):数据增长速度快、获取数据速度快、数据处理速度快。数据源的不断涌现和数据的快速增长,要求我们能够高速处理数据,并能实时获取洞察和做出决策。

真实性(Veracity):数据的质量,即需要关注数据的准确性、数据的可信赖度。数据质量不仅对大数据分析的结果至关重要,也对后续的决策和行动产生重要影响。通过确保数据的准确性和可信赖度,可以增强大数据分析的可信度,帮助企业和组织做出更明智的决策,并找到更有价值的洞察。

2.1.3　大数据生态系统

大数据生态系统是由一系列相关的开源软件、工具和技术组成的,用于处理、管理和分析大数据,其核心工具包括 Apache Hadoop、Apache Spark、Apache Kafka、Apache Hive 等。而 Hadoop 作为大数据生态系统中的核心技术之一,提供了解决大数据问题的基本框架。Hadoop 是一个对大量数据进行分布式处理的软件框架,它的核心组件包括 Hadoop 分布式文件系统(Hadoop Distributed File System, HDFS)和 MapReduce 计算模型。

HDFS 是 Hadoop 的分布式文件系统,具备高可靠性、高可扩展性和容错性。它将大规模的数据分布式存储在多台机器上,实现了数据的冗余备份,以确保数据的可靠性和持久性。HDFS 适用于存储大量的数据,但对于数据的实时读写和访问性能相对较低。

MapReduce 是 Hadoop 框架中一个核心的分布式计算模型,它采用并行计算的模型,将复杂的数据处理任务划分为多个可并行执行的 Map 和 Reduce 两个阶段。MapReduce 能够高效地处理大规模数据,具有良好的容错性和扩展性。通过 MapReduce 模型,用户可以编写并提交基于数据的计算任务,Hadoop 会自动将任务分发到集群中的多个节点上并行执行。大数据生态系统中的工具和技术通常是构建在 Hadoop 之上的,通过利用 Hadoop 的存储和计算能力来处理和分析大规模数据。

目前,大数据生态系统主要组件分为数据采集与抽取、数据存储、资源管理与调度、数据处理与计算、实时数据处理、数据查询与分析、集群管理与监控和数据可视化与报表等。这些组件共同实现对大规模数据的采集、存储、处理、分析和应用,帮助用户从海量数据中提取有价值的信息并做出决策。

1.数据采集与抽取

数据采集与抽取是从各种数据源中提取数据并将其转移到目标系统或存储的过程。这个过程通常涉及实时或批量处理大规模数据,并且需要确保数据的准确性、完整性和可靠性。以下是一些常用的数据采集与抽取工具及其功能介绍,这些工具在大数据领域被广泛应用,可以帮助用户有效地处理和管理海量数据,从而支持数据分析、挖掘和应用。根据具体的业务需求和数据特点,选择合适的工具进行数据采集与抽取。

(1)Flume是一个开源的数据采集工具,主要用于实时采集、聚合和传输大规模数据。它支持各种数据源的抽取,包括日志文件、消息队列等。Flume的架构包括Source、Channel和Sink三大核心组件,可以实现数据的流动和转换。

(2)Sqoop是一个用于在Hadoop和关系型数据库之间进行数据传输的工具。它支持批量导入和导出数据,可以将关系型数据库中的数据加载到Hadoop中进行分析处理,也可以将处理结果导入到数据库中。Sqoop提供了连接数据库的接口和功能,支持多种数据库系统。

(3)Kafka是一个分布式、高吞吐量的消息队列系统,用于实时数据流的发布和订阅。它支持持久化存储、高容错性和水平扩展等特性,适用于大规模的数据流处理场景。Kafka通过Topic将数据进行组织和分发,用户可以根据自己的需求订阅感兴趣的数据流。

2.数据存储

数据存储是指将数据以持久化的方式保存在一个或多个位置,以方便后续访问和使用。以下是一些常用的数据存储技术,每种技术都有其特定的适用场景和功能优势。根据实际需求和数据特点,选择合适的数据存储技术可帮助用户提高数据的可靠性、完整性和可扩展性。

(1)HDFS:分布式文件系统,用于存储大规模数据。

(2)HBase:分布式NoSQL数据库,用于实时读写大量结构化数据。

(3)Cassandra:分布式NoSQL数据库,用于存储高度可扩展的数据。

(4)Elasticsearch:分布式搜索与分析引擎,用于全文搜索和实时数据分析。

3.资源管理与调度

资源管理与调度是指有效分配和管理集群中的资源,以满足不同的应用程序或作业的需求,并保证资源的可靠性和安全性。以下是一些常用的资源管理与调度技术,这些技术在大数据领域中被广泛应用,可以帮助用户有效地管理和调度集群资源,提高资源利用率和作业执行效率。

(1)YARN(Yet Another Resource Negotiator)是 Hadoop 的资源管理系统,负责集群资源的分配和作业调度。它将集群资源划分为多个容器,用于运行不同的应用程序或作业。YARN 提供了一套灵活的应用程序编程接口(Application Programing Interface,API)和机制,可以根据不同的调度策略和需求进行资源分配和调度。

(2)Mesos 是一个开源的集群管理系统,支持多种资源调度器,提供高效的资源共享。Mesos 将集群资源抽象为资源池,能够根据不同的调度策略分配资源,并支持多个应用程序共享集群资源。Mesos 还提供了灵活的框架和 API,方便开发者进行资源管理和调度。

4.数据处理与计算

数据处理与计算是指对大规模数据进行处理、分析和计算的过程。以下是一些常用的数据处理与计算技术,这些技术在大数据处理领域中被广泛使用,可以帮助用户高效地处理和分析大规模数据。

(1)Spark 是一个快速、通用的大数据处理引擎,支持批量处理和实时流处理。它具有高性能和易用性,提供了丰富的数据处理和分析功能,包括 MapReduce、SQL 查询、流处理、图计算等。Spark 通过内存计算和并行处理等策略加速数据处理过程,适用于各种数据处理场景。

(2)MapReduce 通过并行处理和数据切片技术实现高效的数据处理,适用于离线批处理作业,对于数据规模较大、相对延迟较高的场景具有优势。

（3）Flink是一个分布式流处理引擎，支持有状态的流处理和批处理。它提供了针对流数据的低延迟处理能力，支持事件时间和处理时间的语义，并提供了一定的容错机制。Flink适用于实时数据分析、实时监控和事件驱动的应用场景。

5.实时数据处理

实时数据处理是指对数据流进行实时计算和分析的过程。除了前文提到的Kafka技术，以下是一些常用的实时数据处理技术，这些技术广泛应用于实时数据分析、实时监控和实时决策等领域，可以帮助用户实时处理和分析大规模的数据流，及时获取业务洞察和反馈。选择合适的实时数据处理技术取决于数据流量、处理时延、数据处理需求等因素。

（1）Storm是一个开源的实时流处理系统，用于处理实时数据流的计算和分析。它支持低延迟的数据处理和数据流转换，具有高可靠性和可伸缩性，适合处理大规模、复杂的实时数据。

（2）Spark Streaming是Spark的实时流处理扩展，提供高吞吐量的实时数据处理能力。它将连续的数据流划分为小批量的数据，使用Spark引擎进行批量处理，具有高性能和灵活性，广泛应用于实时分析和实时预测等场景。

6.数据查询与分析

数据查询与分析是指对数据进行查询和分析，发现数据中的模式、趋势和关联等。以下是一些常用的数据查询与分析技术，这些技术为用户提供了灵活、高效的数据查询与分析能力，帮助用户快速获取数据洞察和分析结果，支持业务决策和数据驱动的应用。根据查询性能、数据规模、查询需求等因素，选择合适的数据查询与分析技术能够提高查询效率。

（1）Hive是一个数据仓库工具，提供类似SQL的查询语言（HiveQL），将结构化数据映射到Hadoop进行数据分析。它将查询转化为MapReduce作业执行，支持基于元数据的查询优化和数据存储格式的灵活选择。Hive适用于离线批处理的数据分析和数据挖掘。

（2）Presto是一个分布式SQL查询引擎，支持快速查询大规模数据。它提供了低延迟的交互式查询能力，支持复杂的查询语句、多种数据源和高并发的查询请求。Presto适用于实时查询和分析大规模的数据集。

（3）Impala是用于Hadoop的高性能分布式SQL查询引擎，能够实现快速交互式查询。它支持实时查询和分析，通过将查询计划转化为本机机器码执行，减少了查询的延迟。Impala适用于需要快速响应和交互式查询的数据分析场景。

7.集群管理与监控

集群管理与监控是指对大数据集群进行管理和监控的过程，以确保集群稳定和高效的运行。以下是一些常用的集群管理与监控技术，通过集群监控工具，用户可以实时监测集群的运行状态和性能指标，及时发现和解决问题，提升集群的可靠性和可管理性。

（1）Ambari是一个用于管理Hadoop集群的开源工具，提供集群安装、配置和监控功能。它通过可视化界面和REST API，方便用户进行集群的部署、配置和管理，并提供丰富的指标和警告来监控集群的运行状态。

（2）Cloudera Manager是一个企业级的集群管理工具，用于管理和监控大数据集群。它提供了集中式的管理界面和命令行接口，支持集群配置、部署、监控和维护等功能，可以帮助用户简化集群管理。

（3）Zookeeper是一个分布式协调服务，用于集群管理和领导者选举等。它提供了高可用性和一致性的分布式协调机制，可以用于存储集群的元数据和配置信息,并协调集群中各个节点之间的状态同步和通信。

8. 数据可视化与报表

数据可视化和报表是将数据以图表、图形或报告的形式呈现,以便更直观地理解数据、发现趋势和模式、支持决策和沟通。Tableau 和 Power BI 是当下流行的数据可视化工具,将大数据分析结果可视化为图表和报表。以下是它们的一些主要功能。

(1)数据连接和整合。用户可以连接各种数据源,包括关系型数据库、文件、云服务等,将数据整合在一个统一的视图中。用户可以直接从数据源中提取数据,并进行数据预处理和清洗操作。

(2)可视化设计。为用户提供丰富的视觉化设计选项,可根据用户的需求创建多种类型的图表,如柱状图、折线图、饼图、地图等。用户可以通过设计和配置参数来创建和定制他们想要的可视化效果。

(3)交互式探索。用户可以通过对图表进行交互操作,例如筛选、切片、缩放等,以深入探索数据的各个维度和关系。这样可以帮助用户更好地理解数据,发现模式和趋势,并与数据进行实时互动。

(4)报表和仪表板。允许用户将多个可视化组件组合成仪表板和报表,可以在同一个页面上展示多个图表和指标,并通过设定互动控件来实现信息的联动更新,让数据更加易于理解和分析。

(5)分享和协作。为用户提供分享和协作功能,用户可以将创建的报表和仪表板分享给其他人,以便他们浏览和进行交互。同时,多个用户可以同时协作编辑同一个项目,实现团队间的数据分析和沟通。

以上组件相互协作,共同构建了一个高效、灵活、可靠的大数据处理平台,企业和组织能够更好地处理和管理大规模数据,实现数据驱动的决策和业务优化。在大数据生态系统中,每个组件都有其特定的功能和优势,用户根据需求和场景可以选择合适的组件构建合适的大数据解决方案。

2.1.4 Hadoop 的安装模式

1.本地模式

本地模式(Local Mode)是 Hadoop 的简单模式,也称为单机模式。在本地模式下,Hadoop 不会启动任何额外的进程或守护进程,而是将所有的处理任务都运行在单个 Java 进程中。此模式不涉及分布式计算,所有数据都存储在本地的文件系统中。本地模式适用于开发、测试和学习,它对小规模数据的处理和 Hadoop API 的基本测试非常有效。

2.完全分布式模式

完全分布式模式(Fully Distributed Mode)是 Hadoop 的主要安装模式,也称为真实分布式模式。在完全分布式模式下,Hadoop 集群由多台计算机组成,每台计算机承担着特定的角色,如 NameNode、DataNode、ResourceManager 和 NodeManager 等。数据存储在 Hadoop 分布式文件系统中,并且计算任务可以并行处理,从而实现高性能的数据处理和存储。

3.伪分布式模式

伪分布式模式(Pseudo-Distributed Mode)是介于本地模式和完全分布式模式之间的一种安装模式。在伪分布式模式下,Hadoop 运行在一台计算机上,但每个 Hadoop 组件都在独立的进程中运行,模拟了分布式环境。尽管在一台计算机上运行,但伪分布式模式具有完全分布式模式的一些优势,例如能够处理大规模的数据,并且允许测试和调试分布式环境中的应用程序。伪分布式模式主要用于开发和测试分布式应用程序,在本地计算机上进行调试和优化,以便在安装分布式集群之前进行验证。

在实际应用中,选择使用哪种模式取决于用户的具体需求。如果只是进行小规模的测试和学习,本地模式或伪分布式模式是不错的选择。如果需要处理大规模的数据并获得高性能和可靠的数据,则完全分布式模式是更合适的选择。

2.2　数据仓库

2.2.1　什么是数据仓库

数据仓库(Data Warehouse)的概念产生于 20 世纪 80 年代中期。数据仓库之父 Bill.Inmon 在 *Building the Data Warehouse* 一书中将数据仓库定义为:数据仓库是一个面向主题的(Subject Oriented)、集成的(Integrated)、相对稳定的(Non-Volatile)、反映历史变化(Time Variant)的数据集合,用于支持管理决策。

数据仓库具有大容量、高性能和广泛的数据访问接口,它能够将来自不同数据源、不同结构且大量的数据整合到一个集中的存储库中,提供一个一致的数据视图,并支持复杂的查询和分析操作。数据仓库还可以将历史数据和实时数据相结合,支持数据挖掘和分析等应用。

2.2.2　数据仓库与传统数据库的区别

数据仓库是面向主题设计的,属于 OLAP 系统,其主要目标是支持业务决策和分析;主要操作是批量读写,注重数据集成和分析、处理性能;设计时为了提高查询性能和简化复杂的联接操作,会主动引入冗余,采用反范式设计。传统数据库是面向事务设计的,属于在线事务处理（OLTP）系统，主要用于处理日常的业务交易和事务处理，其主要操作是随机读写，注重交易的即时性和并发处理，设计时为了数据的一致性和减少数据存储空间，尽量避免冗余，常采用范式设计。数据仓库和传统数据库的区别，如表 2-1 所示。

表 2-1　数据仓库与传统数据库的区别

	数据仓库	传统数据库
面向	主题	事务
数据特点	历史的、跨时间维护	当前的、最新的
数据类型	清洗过、综合数据	业务、细节数据
设计目的	分析数据、决策支持	日常业务处理
设计模型	面向主题，星状、雪花模型	面向应用，E-R 模型
数据规模	≥TB	GB~TB
操作类型	大多为读	读、写

2.2.3　数据仓库系统功能结构

在数据仓库系统中，ETL各类型数据源抽取、转换及加载，ODS（Operational Data Store）操作数据源层，CDM（Core Data Model）公共维度模型层和 ADS（Analytical Data Store）数据应用层是四个关键的功能结构，它们相互协作，共同构成了一个完整的数据仓库生态系统，如图 2-1所示。

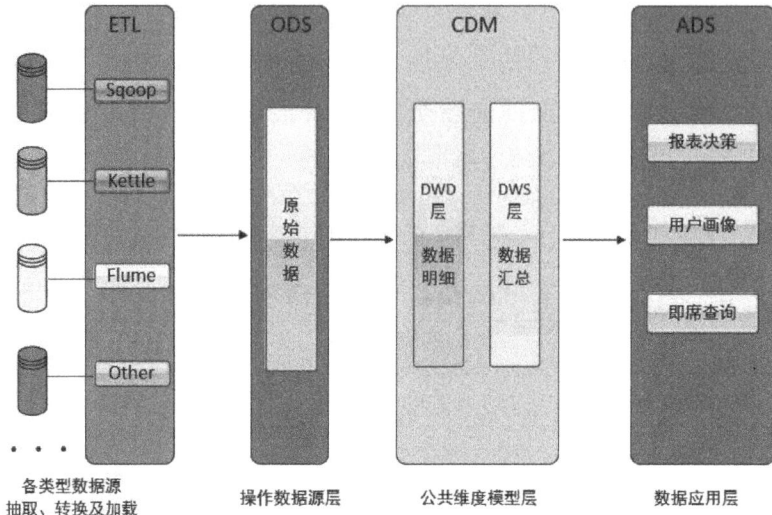

图2-1　数据仓库系统功能结构

首先,ETL数据源抽取、转换及加载扮演着数据仓库的数据集成引擎的角色。ETL负责从多个源系统中提取数据,并经过转换和清洗后将数据加载到数据仓库。提取的数据可以来自不同格式和结构的源系统,而转换和清洗可以确保数据的一致性、准确性和可用性。通过ETL,数据仓库能够获取全面而有效的数据。其次,ODS操作数据源层作为数据仓库和源系统之间的缓冲区,存储着近实时的、初步清洗和整理的数据。ODS允许源系统直接向其写入数据,同时也可以供数据仓库读取。这种架构使得数据可以更快地被访问和查询,以满足对近实时数据的需求。再次,CDM公共维度模型层代表数据仓库的核心数据模型。CDM定义了数据仓库中的主要业务实体和关系,包括事实表和维度表等。事实表存储着数值型、可度量的数据指标,而维度表则描述了这些数据指标所属的上下文信息。CDM的设计使得数据仓库能够具备更好的可扩展性、一致性和易用性。其中,DWD(Data Warehouse De-tail)明细数据层用于存储经过清洗、整合和转换后的详细数据。DWD层包含了与业务过程相关的数据,保留了较为详细的原始数据记录,以满足数据分析和报表需求。DWS(Data Warehouse Service)服务数据层用于存储预计算或聚合后的数据,以支持快速查询和报表生成。DWS 层对 DWD 层的数据进行初步汇总、整合和预计算,以提高查询性能和缩短响应时间,如读者的总借阅次数、平均借阅次数、入馆次数、座位预约次数及文章下载次数等组成的表格。最后,ADS 数据应用层作为分析型数据存储,提供了优化的查询性能和高级分析功能。ADS 层是从 DWS 层中选择性地提取数据,并对数据进行进一步加工和计算,最终同步到关系型数据库,以支持报表决策、用户画像、即席查询和业务智能等数据应用。

ETL、ODS、CDM 和 ADS 是数据仓库系统中不可或缺的功能结构。ETL 负责数据集成,ODS 提供近实时数据访问,CDM 定义核心数据模型,而 ADS 支持高级分析。这四个功能结构共同协作,为企业提供了一个强大且可靠的数据仓库,帮助企业在日常运营和战略决策中做出准确、明智的选择。

2.2.4　数据仓库模型

在数据仓库中,一般会围绕着星状模型和雪花模型来设计数据模型。

1.星状模型

星状模型由事实表(Fact Table)和维度表(Dimension Tables)组成。事实表包含数值型度量数据,而维度表包含用于描述事实的维度属性。在星状模型中,事实表位于中心位置,而维度表直接与事实表相连。图 2-2 是读者借阅图书星状模型。

根据图 2-2,我们可以看到事实表是星状模型的核心,它包含了与读者借阅图书相关的度量,如借阅天数、超期天数、借阅次数及续借次数等。事实表包括读者、图书、操作时间及操作类型等。所有的维度表都直接连接到事实表上,维度表的主键放置在事实表中,外键用来连接事实表与维度表,因此,维度表和事实表是有关联的。维度表与维度表并没有直接相连,因此,维度表之间是没有关联的。

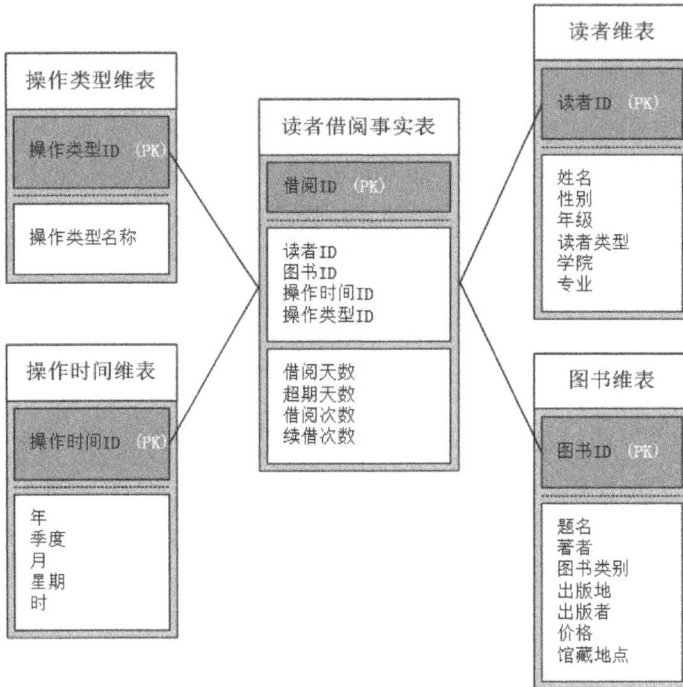

图2-2　读者借阅图书星状模型

2.雪花模型

雪花模型是维度建模中的另一种选择,是在星状模型的基础上进行扩展和细化的模型。它通过将维度表进一步规范化来减少数据冗余。在雪花模型中,维度表可以被分解成更小的维度表,形成一个多层次结构。与星状模型相比,雪花模型具有更高的灵活性和可扩展性,但也会增加查询复杂性和性能开销。图2-3是读者借阅图书雪花模型。

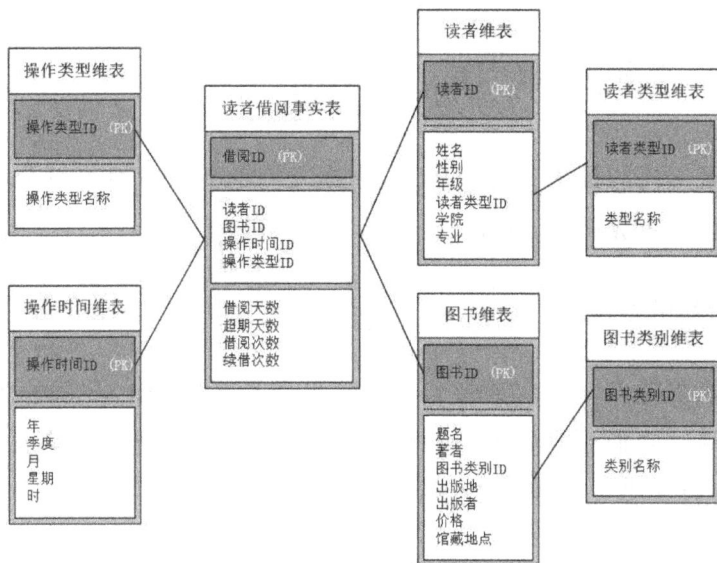

图 2-3　读者借阅图书雪花模型

根据图 2-3，我们可以看到雪花模型比星状模型更加规范，因为它允许维度表之间相互关联。这意味着维度表可以拥有其他的维度表作为父级或子级，并且通过连接关系来建立层次结构。例如，在图书馆读者借阅场景中，我们可以有读者类型维度和图书类别维度，它们可以作为子维度分别与读者维度和图书维度相关联。雪花模型的缺点是需要关联多层的维度表，这可能导致较复杂的查询和较低的性能。每个额外的关联都会增加查询的复杂性并引入性能开销。因此，相对于星状模型，雪花模型在实践中使用较少。

在设计数据仓库时，需权衡所需的灵活性和性能的利弊。如果需更多的灵活性和维度关联，可以选择雪花模型。但如果将性能作为一个重要的考虑因素，并且要求查询更为简单，那么星状模型可能是更好的选择。因此，在实际应用中我们需要根据业务需求和性能要求来选择合适的模型。

2.2.5　数据仓库建设方案

根据不同的技术和应用场景,数据仓库的建设方案可以分为传统数据仓库和大数据数据仓库。

1.传统数据仓库

传统数据仓库一般采用关系型数据库系统,如 Oracle,SQL Server,MySQL 等。它们主要处理结构化数据,并且对数据进行预定义的 ETL 过程,将数据清洗、转换并加载进数据仓库。

传统数据仓库技术架构可以是单机或 MPP(Massively Parallel Processing)集群,这取决于数据规模、性能需求和预算等因素。单机数据仓库是指将所有数据存储和处理功能集中在单个服务器上的数据仓库,这种架构适用于规模较小的数据集和相对简单的分析需求。MPP 是一种用于处理大规模数据的并行计算技术,在 MPP 数据仓库中,数据通常被水平分片并存储在多个节点上,每个节点为非共享架构,都具有独立的计算和存储资源,通过专用网络或者商业通用网络相连接,彼此协同计算。这样的架构使得数据仓库可以通过并行处理来加快查询和分析的速度,适合中等规模结构化数据处理。

传统数据仓库的优点包括成熟的技术和工具支持,以及固定的数据模型和预定义的查询和报告。但它们在处理大规模数据,尤其是非结构化或半结构化数据时,可能会遇到性能和扩展性的问题。

2.大数据数据仓库

随着大数据技术的发展,大数据数据仓库的构建方案开始流行。这种类型的数据仓库可以处理各种类型的数据,包括结构化、半结构化和非结构化数据,例如文本、图像、视频等。

大数据数据仓库通常基于分布式存储和计算框架,如 Hadoop , Spark 和新型的大数据数据库,如 Hive , Impala , Presto 等。各节点可以单独运行和局部应用,数据在集群中全局透明共享,每个节点通过局域网或广域网相连。由于节点间的通信开销较大,因此在运算时应致力于减少数据移动。大数据数据仓库可以处理 PB 级别的数据,并且提供丰富的数据处理和分析工具,如机器学习库、实时查询工具等。

大数据数据仓库的优点是可以处理大规模和多种类型的数据,并且具有良好的扩展性。但是,它们的构建和管理可能比传统数据仓库更为复杂,需要更高级的技术和更广泛的资源。在数据量较小的情况下,大数据数据仓库可能由于数据拆分再调度等过程而导致计算速度变慢。这种情况下,传统数据仓库可能更适合,因为它们在处理小规模数据时的计算效率更高。因此,大数据数据仓库的优势在于处理大规模数据时表现更加显著,适用于数据量庞大的场景。

综上所述,大数据数据仓库是为处理大规模和多样化数据而设计的,并在处理海量数据时具有优势。但在选择是否使用大数据数据仓库时,需要权衡其优势和挑战,并根据实际数据规模和需求来决定是否采用,以充分发挥其优势和性能。对于小规模数据集和简单查询的情况,传统数据仓库可能更适合。而对于数据量庞大、复杂分析和高并发查询需求的场景,大数据数据仓库将能够充分发挥其优势,提供更快速和高效的数据处理和查询性能。

第3章　数据抽取、转换及加载

数据仓库以面向主题的方式组织数据,数据类型包括结构化数据、半结构化数据和非结构化数据。构建数据仓库的关键步骤是从数据源中提取所需数据,并对其进行清洗处理。随后,根据预先定义的数据仓库模型,将数据加载到数据仓库中。

3.1　ETL概述

ETL用来描述将业务系统中的数据从来源端经过抽取(Extract)、转换(Transform)、加载(Load)至数据仓库所在的中心存储库目的端的过程。制定这一过程的策略称为ETL策略,完成ETL过程的工具称为ETL工具。

将各种数据抽取、转换并加载到数据仓库是一个复杂且耗时的数据处理过程。ETL规则的设计和实施约占整个数据仓库搭建工作量的60%~80%。

3.1.1　数据抽取

数据抽取是ETL的第一个阶段,主要目标是从不同的源系统中抽取数据。这些源系统包括数据库、文件、API接口等。抽取过程将记录写入 ODS 或者临时存储区（Staging Area），以备进一步处理。数据抽取往往是以远程、分布式的方式进行，并涉及各种各样的方法和手段。在数据抽取过程中，需要考虑以下几个方面。

①数据源识别和连接。确定需要从哪些源系统中抽取数据，并建立与这些系统的连接，以便获取数据。

②抽取方法选择。选择适合源系统类型和数据量的抽取策略，如全量抽取、增量抽取或增量更新等。

③数据抽取频率。确定数据抽取的频率，根据业务需求可以是每天、每周或每月等。

1.数据源

在多数情况下，数据源与数据库并不处于同一数据服务器中，它们往往是独立的，并处在远程系统中。数据源中的数据可能是结构化数据、非结构化数据和半结构化数据。根据不同的数据形式，数据抽取有以下几种方式。

（1）JDBC 接口。

JDBC（Java Database Connectivity）是 Java 语言访问数据库的标准API。使用 JDBC 接口可以建立与数据库的直接连接，通过执行 SQL 查询语句从数据库中抽取结构化数据。这种方式适用于数据源是关系型数据库的情况，它可以提供较高的灵活性。

使用 JDBC 接口的优点。

①快速高效。采用 JDBC 直接连接数据库，避免中间层的额外数据传输和处理过程，从而提高数据抽取的效率。直接从数据库获取数据可以减少数据的传输时间和延迟，特别是在大规模数据抽取时，这一优势尤为显著。

②灵活性和定制性。JDBC 接口允许开发人员编写原生 SQL 查询语句，从而充分发挥数据库查询语言的强大功能。这样的灵活性使得开

发人员可以根据具体需求编写高度定制化的查询,满足不同业务场景下的数据抽取要求。

③实时数据访问。JDBC 直接与数据库交互,则应用程序可以实时获取最新的数据。这对于需要及时反映数据变化的应用场景非常有利,例如在线交易系统或实时监控系统。

④跨平台兼容性。JDBC 具有较好的跨平台兼容性,可以在不同的操作系统和数据库管理系统上使用相同的代码,简化了开发和部署的过程。

使用 JDBC 接口的缺点:

①增加数据库负载。直接连接数据库进行数据抽取将涉及数据的读取和写入操作,这意味着会产生 I/O 操作,增加数据库的负载。特别是在大规模数据抽取时,数据库服务器可能面临大量的读取请求,从而导致性能下降和响应时间延迟。如果未经优化或未使用合适的数据抽取工具,数据库可能因此而受到影响。

②影响正常业务运行。数据库的负载增加和 I/O 消耗,导致数据库存在性能瓶颈,对正常业务的运行产生不利影响。在高峰业务时间段进行数据抽取可能会与数据库资源产生竞争,导致业务查询和事务的响应变慢,最终影响用户体验和业务运行效率。为避免这种情况,通常会选择在业务量较少的时间段进行数据抽取,以减轻数据库负担。

③安全风险。数据安全是至关重要的考虑因素。在一些行业中,直接从生产数据库进行数据抽取被视为不安全的做法。此举可能会带来潜在的安全风险,例如数据泄露或非授权访问。为了保护数据的机密性和完整性,许多组织禁止直接从生产数据库中抽取数据,而是采取数据复制、数据快照等技术,将数据转移到专门用于分析和报告的环境中。

④抽取大规模数据速度慢。在大规模数据抽取的情况下,直接使用 JDBC 进行抽取可能会导致抽取速度较慢。这是因为 JDBC 连接的方

式可能受到网络延迟、数据库性能等多种因素的限制。长时间的数据抽取过程可能会破坏数据可用性,影响数据仓库的更新或分析报告的实时性。

（2）数据库日志。

数据库日志方式是一种高效的数据抽取方法。它不同于传统的直接连接数据库方式,而是通过直接抽取数据库的日志信息来获取数据。数据库的日志记录了对数据库执行的所有操作,如插入、删除及更新等,以及事务的提交和回滚等信息。这些日志信息保存在数据库系统的本地磁盘上,用于确保数据的一致性和持久性。

使用数据库日志的优点：

①对数据库的影响较小。数据库日志方式不直接访问数据库表,因此不会增加数据库的负担,对数据库性能影响较小。

②数据可靠性高。通过捕获和记录数据变化,可以确保数据的可靠性和一致性。即使在系统故障情况下,也可以通过重放日志来还原数据。

③实时数据同步。数据库日志方式可以实现实时数据同步,将数据变化快速地传输到目标系统,保持数据的近实时的一致性。

④灵活性高。由于日志中包含了完整的数据变化信息,用户可以根据不同的业务需求对数据进行灵活处理和转换。

使用数据库日志的缺点：

①日志解析复杂。数据库日志方式需要借助专用工具解析日志文件,并提取数据变化,这涉及一定的复杂技术。

②数据格式处理。抽取的日志数据格式通常是二进制或特定的,需要进一步解析和转换为目标数据格式。

③依赖数据库支持。不是所有数据库都提供直接捕获日志的功能,因此需要确保数据库支持该方式或使用其他适当的工具。

数据库日志方式通常涉及以下关键概念和工具。

①WAL（Write-Ahead Logging）。WAL是数据库中的一种日志记录机制，用于提高数据的可靠性。在执行数据操作（如插入、更新、删除）之前，WAL会先将这些操作记录到日志文件中，然后再将数据写入数据库。这样做的好处是，即使在数据库发生故障或崩溃的情况下，WAL仍然可以通过回滚日志文件恢复数据。

②CDC（Change Data Capture）。CDC技术通过监视数据库的日志文件或使用特定的触发机制，实时地捕获数据库中的数据变化，包括插入、更新和删除操作。当数据库中的数据发生变化时，CDC会按照时间顺序提供数据变化的详细信息，包括变化前的旧值和变化后的新值。这种实时捕捉数据变化的能力使得开发人员和数据分析师能够及时跟踪和分析数据库中数据的变化情况。

③OGG（Oracle GoldenGate）。OGG是Oracle公司推出的高性能数据复制和数据集成软件，主要用于实现不同数据库之间的实时、非侵入性的数据复制和同步。它支持多种数据库平台，如Oracle数据库、MySQL、SQL Server等，而且可以在同构或异构的数据库之间进行数据复制和同步。它通过解析数据库事务日志文件来捕获并传递数据变化，这种方法可以确保高度可靠的数据复制机制，同时实现了零数据丢失和低延迟的数据同步，使得数据在不同数据库之间保持一致。OGG还提供了一些高级功能，如数据过滤、转换和转发。这意味着用户可以根据不同的业务需求选择复制数据，并对数据进行转换和转发。

（3）监听文件。

对于非结构化数据，如日志和JSON文件，进行ETL过程时，可以使用定时任务或事件触发器等机制来监控数据文件的变动。通过比较文件的修改时间或检查文件的哈希值等方式，判断数据是否发生了变动。一旦检测到数据文件发生了变动，可以针对变动的部分进行抽取。比如，对于日志文件，可以只抽取新增的日志记录；对于JSON文件，可以只抽取新增或修改的JSON对象。抽取到的变动数据需进行必要的转换处理,如数据清洗、格式转换、字段映射等,才能将转换后的数据加载到目标系统中。

使用监听文件的优点:

①实时性。通过监控数据的变动,可以实时抽取最新的数据,保证数据的实时性。

②效率高。只抽取变动的数据,减少对整个数据集进行全量抽取的开销,提高了数据处理的效率。

③资源消耗少。相比全量抽取,只抽取变动的数据可以减少网络传输和存储资源的消耗,节省了系统资源。

④精确性。只抽取变动的数据可以保证数据的准确性,避免了对已经处理过的数据重复抽取和处理。

使用监听文件的缺点:

①依赖监控机制。直接抽取变动数据的方式依赖于监控机制的准确性和稳定性。如果监控机制出现问题,可能会导致数据抽取不准确或错误。

②配置复杂。实现监控和抽取变动数据的过程需要进行一定的配置和编码工作,相对于全量抽取来说,需要更多的技术和资源投入。

③需要额外的管理和维护。监控和抽取变动数据的过程需要进行持续的管理和维护,包括定时任务的设置、监控机制的维护和异常处理等。

④无法处理历史数据。直接抽取变动数据的方式只能获取到变动之后的数据,无法获取到历史数据的变动情况,如果需要处理历史数据,需要额外的处理机制。

2.抽取策略

就抽取数据范围大小而言,数据抽取策略包括全量抽取、增量抽取等方式。

（1）全量抽取。

无论数据是否有更新或变化，全量抽取指从源系统一次性抽取所有数据。全量抽取类似于数据迁移或数据复制，它将数据源中的表或视图的数据原封不动地从数据库中抽取出来，并转换成ETL工具可以识别的格式。全量抽取适用于数据量较小，且更新频率较低的情况，或者在初次导入数据时使用。

（2）增量抽取。

增量抽取只抽取自上次抽取以来数据库中的表中新增或修改的数据。在ETL使用过程中，增量抽取较全量抽取应用更广。增量数据的数据量小，从而转换和加载的数据量也小，能够极大地提高数据加载性能。目前增量数据抽取中常用的捕获数据的方法有：触发器、时间戳、全表比对和日志对比等。增量抽取适用于数据量较大，且更新频率较高的情况，可以节省时间和系统资源。

全量抽取适用于初始数据导入和定期更新的场景，以确保数据的完整性和一致性。而增量抽取适用于需要实时更新和节省资源的场景，能够及时捕捉新增数据并将其添加到数据仓库中，保持数据的实时性。在实际应用中，通常采用全量抽取和增量抽取结合使用，以满足不同的数据同步和更新需求。

下面以图书馆读者画像数据仓库的全量抽取和增量抽取为例，进一步了解数据抽取策略。

①全量抽取。

情景：图书馆读者画像数据仓库建设初期，首次抽取数据时，图书馆需要对读者的画像信息进行全面的统计和分析，以了解读者的兴趣爱好和借阅行为的整体趋势。

解决方案：图书馆读者画像数据仓库建设初期，首次抽取数据使用全量抽取方式。全量抽取将从图书馆读者数据库中一次性抽取所有读者的属性、行为信息，并将其加载到数据仓库中，以建立完整的数据集。

这样,数据仓库中的读者画像数据将包含所有读者的借阅信息,供图书馆使用,帮助图书馆管理者了解读者群体的特点、借阅偏好和阅读习惯。

②增量抽取。

情景:图书馆每天都有新读者注册和已注册读者的新借阅记录,需要及时将这些新增数据添加到读者画像数据仓库中,以保持数据的实时性。

解决方案:使用增量抽取方式,每天定时抽取当天新增读者信息和已注册读者的新借阅记录,并将其加载到已有数据的数据仓库中。这样,数据仓库中的读者画像数据将始终包含最新注册的读者信息和已注册读者的全部最新借阅记录,以供图书馆使用,帮助图书馆管理者了解新增读者的特点和所有读者的借阅行为。

通过全量抽取,可以保证数据仓库中的读者画像数据是完整的。而通过增量抽取,可及时更新数据仓库,捕捉到新注册的读者和借阅行为,确保数据的实时性和准确性。这样,图书馆管理者可以利用读者画像数据仓库中的信息做出更好的决策,提供更优质的服务,从而满足读者的需求。

3.1.2 数据转换

数据转换是数据处理中的关键步骤,它按照预先设计好的规则对抽取的数据进行处理,旨在统一异构的数据格式,处理字段的异名同义、同名异义、单位不统一及字长不一致等问题,从而将源数据转换为目标数据。需要综合考虑业务需求、数据源特点和数据质量等因素,制定合理的转换规则,从而得到符合预期的目标数据,为后续的数据分析和决策提供有力支持。设计数据转换规则至关重要,常见的数据转换规则有以下几个方面。

（1）直接映射。

直接映射是一种简单直接的数据处理方法,适用于数据源中的数据已经规范化且符合预期的情况,它将原始数据中的内容原封不动地取进来,不进行任何修改或加工,保持数据的原始形式。例如读者信息的数据表,如果每条数据包含学号、姓名和入档日期,且这些信息的格式和结构已经符合预期,那么直接映射的方法是合适的。该操作可以保证数据的完整性和一致性,并避免在数据导入过程中引入额外的错误或变动。

（2）数据类型转换。

数据类型转换可以保证数据的一致性和准确性,避免由于数据类型不匹配而导致的错误。同时,数据类型转换也有助于提高数据的处理效率和性能,因为在正确的数据类型支持下,计算和分析操作可以更加高效地执行。在进行数据类型转换时,需要注意数据的有效性和正确性。有时由于数据中可能包含非法值或缺失值,因此进行数据类型转换时需要进行异常处理和数据验证,以确保转换的准确性。

（3）字段运算。

字段运算是指对数据表中的字段进行数学运算或其他计算操作,从而生成新的字段或得出特定的计算结果。这种操作可以帮助用户从原始数据中提取更多有用的信息或创建新的特征,以满足数据分析和建模的需求。在进行字段运算时,需要注意数据类型的一致性,避免出现不可预料的错误。同时,对于大规模的数据集,字段运算可能会对性能产生一定影响,因此需要选择合适的算法和工具来提高运算效率。字段运算包括数学运算、逻辑运算、条件运算和向量运算等。

（4）字符串处理。

字符串处理是指从数据源某个字符串字段中用户可以获取特定信息,以及从包含特定信息的字符串字段中提取所需信息,进行截取、分割、合并等操作。通过对字符串字段进行处理,用户可以从复杂的文本数据中提取有用的信息,以供后续的数据分析和建模使用。在实际应用中,字符串处理可能涉及正则表达式、字符串分割、字符串替换等技术,具体方法需根据数据的特点和需要提取的信息而定。

（5）日期和时间转换。

将不同的日期和时间表示方式转换成标准的日期和时间格式,方便进行时间序列分析和统计。在实际应用中,日期和时间的格式多种多样,包括不同的分隔符、时区、毫秒等信息。通过日期和时间格式转换,用户可以将这些不同格式的日期和时间转换成统一的标准格式,避免在后续的分析中出现混淆和错误。同时,这也有助于提高数据的可读性和可操作性。

（6）空值判断。

空值判断是指对数据表中的字段进行检查,判断是否存在缺失值或空值。空值可能是由于数据采集过程中的错误、用户未填写等原因导致的。在进行数据分析和建模时,空值可能会导致计算错误,影响结果的准确性。因此,在处理数据之前,需要检查数据中是否存在空值,并对其进行适当的处理,包括删除空值、填充空值和插值等。

（7）异常值处理。

异常值是指在数据集中与其他观测值明显不同的数据点,也称为离群值。异常值可能是由于测量错误、数据录入错误或其他不可预测的原因导致的。在数据分析和建模中,异常值可能会对结果产生明显影响,因此需要进行适当的处理,包括删除异常值、替换异常值、转换处埋和截尾处埋等。

（8）数据粒度转换。

数据粒度转换是将原始数据从较细粒度的表示转换为较高粒度的表示,通常涉及数据的聚合和汇总操作。这种转换可以降低数据的冗余度,减少存储空间和计算成本,并且方便后续的数据分析和报告生成。假设有一个包含借阅记录的数据表,表中记录了每位读者借阅、还回和续借书籍的详细信息,数据粒度转换后,数据仓库将按照每周、每月、每季度、每年等的借阅量进行聚合。

数据转换阶段通常使用ETL工具或编程语言来实现,如使用SQL语句进行数据转换和合并,使用脚本语言进行复杂的数据处理和转换操作。

3.1.3 数据加载

数据加载是指将经过抽取、转换等前期处理的数据导入到特定的数据存储系统或数据分析工具,以便进行后续的数据分析、建模或可视化等操作。数据加载是数据处理流程中的最后一步,也是将数据转换成有用信息的关键步骤。以下为数据加载的关键步骤。

(1)选择数据存储系统或数据分析工具。

根据业务需求和数据特点,选择合适的数据存储系统或数据分析工具,如关系型数据库、非关系型数据库、数据仓库、数据湖、数据可视化工具等。

(2)数据索引和优化。

对于大规模数据集,建立合适的数据索引是提高数据存储系统查询性能的重要手段。优化数据加载过程和查询性能有助于提高数据处理效率。

(3)自动化数据加载。

对于重复性的数据加载任务,建立自动化的数据加载流程可以节省时间和减少人为错误。自动化数据加载可以通过脚本、ETL工具或定时任务来实现。

(4)数据备份和恢复。

为确保数据加载后的数据安全性,建立定期的数据备份机制,以便在数据丢失或损坏时能够及时恢复数据。

3.2 数据查询与处理

数据查询与处理是指使用特定的查询语言或工具对数据进行检索、过滤、转换和操作的过程。查询语言是数据查询与处理的核心工具,用于从数据库、文本文档等数据源中检索和获取所需信息。通过使用查询语言,用户可以根据结构化的语法描述指定查询条件和要求的结果,实现数据的筛选、聚合、排序和连接等操作。查询语言在ETL过程中广泛应用,特别是在复杂的数据转换和清洗操作中。它提供了灵活的处理能力,用户能够根据具体需求进行自定义的数据转换和处理。

查询语言的历史可以追溯到20世纪70年代,当时关系数据库开始兴起。最早的关系数据库查询语言是SEQUEL(Structured English Query Language),后来改名为SQL(Structured Query Language)。SQL成为了关系数据库系统的通用查询语言,并且由于其简洁易学、灵活性强等优点,得到了广泛的应用。随着计算机技术的发展,其他领域也涌现出了各种特定用途的查询语言。例如,多维表达式语言(Multi-dimensional Expressions,MDX)用于多维数据分析,Hive SQL语言用于大数据处理,正则表达式用于文本数据的模式匹配等。

3.2.1 结构化查询语言

结构化查询语言SQL是一种用于管理和操作关系型数据库的标准化查询语言。它允许用户通过结构化的语法描述来指定查询条件和要求的结果,从而实现数据的检索、插入、更新、删除和表的创建和管理等操作。SQL是关系数据库管理系统(RDBMS)的通用查询语言,被广泛应用于各种数据库管理任务。

1.SQL 的基本语法

SQL 语句由一个或多个关键字组成,每个关键字都用于指定不同的操作。以下是 SQL 的一些常见关键字和基本语法。

(1)SELECT:用于从表中检索数据。

SELECT column1, column2, ...

FROM table_name;

(2)INSERT INTO:用于向表中插入新的数据。

INSERT INTO table_name（column1, column2, ...）

VALUES（value1, value2, ...）;

(3)UPDATE:用于修改表中现有数据。

UPDATE table_nameSET column1 = value1, column2 = value2, ...

WHERE condition;

(4)DELETE FROM:用于从表中删除数据。

DELETE FROM table_name

WHERE condition;

(5)CREATE TABLE:用于创建新表。

CREATE TABLE table_name（

　　column1 datatype constraints,

　　column2 datatype constraints,

　　...

　　）;

(6)ALTER TABLE:用于修改表的结构。

ALTER TABLE table_name

ADD column_name datatype;

ALTER TABLE table_name

DROP COLUMN column_name;

（7）DROP TABLE：用于删除表。

```
DROP TABLE table_name;
```

2.条件过滤和排序

SQL 允许在查询中使用 WHERE 子句来进行条件过滤,以便返回满足特定条件的行。此外,还可以使用 ORDER BY 子句对查询结果进行排序。

```
SELECT column1, column2, ...
FROM table_name
WHERE condition
ORDER BY column1, column2, ... ASC/DESC;
```

3.聚合函数

SQL 支持多种聚合函数,用于对数据进行汇总计算。常见的聚合函数包括 SUM、AVG、COUNT、MIN 和 MAX 等。

```
SELECT SUM(column) AS total_sum,
       AVG(column) AS average,
       COUNT(*) AS count_rows,
       MIN(column) AS min_value,
       MAX(column) AS max_value
FROM    table_name;
```

4.分组和子查询

（1）SQL 中的 GROUP BY 子句用于对查询结果进行分组,并使用聚合函数进行计算。

```
SELECT column1, SUM(column2) AS total
FROM table_name
```

GROUP BY column1;

（2）SQL支持使用子查询，在查询中嵌套和组合多个查询，实现更复杂的数据处理操作。

SELECT column1, column2, ...

FROM table_name

WHERE column1 IN（SELECT column1 FROM another_table WHERE condition）;

5.连接操作

SQL中的JOIN操作用于将多个表连接起来，以便在结果集中显示相关的数据。

SELECT orders.order_id, customers.customer_name

FROM orders

JOIN customers ON orders.customer_id = customers.customer_id;

6.索引和优化

SQL的性能对数据库应用至关重要。通过创建适当的索引、优化查询语句和数据库设计，可以提高查询的执行效率和响应速度。

7.事务和数据完整性

SQL允许用户在多个操作中保持数据一致性。它还支持数据完整性约束，如唯一约束、主键约束和外键约束，以确保数据的有效性和准确性。

SQL语句可以帮助图书馆管理者从不同角度构建图书馆用户画像，包括基本信息的查询、条件过滤、聚合统计、分组和连接等操作，从而对读者的行为和偏好进行更深入的分析。

下面是一些用于分析图书馆读者行为画像的SQL语句。

（1）数据检索。

①查询每个用户的借阅次数。

SELECT user_id, COUNT（＊）AS borrowings_count

FROM Borrowings

GROUP BY user_id;

②查询每个用户的平均借阅时长（天数）。

SELECT user_id, AVG（DATEDIFF（return_date, borrow_date））AS

avg_borrow_duration

FROM Borrowings

GROUP BY user_id;

③查询每本书被借阅的次数。

SELECT book_id, COUNT（＊）AS borrowings_count

FROM Borrowings

GROUP BY book_id;

（2）连接操作。

查询用户借阅的书籍信息和对应的书名和作者。

SELECT b.borrowing_id, u.user_name, b.book_id, bo.book_name, bo.

作者

FROM Borrowings b

JOIN Users u ON b.user_id = u.user_id

JOIN Books bo ON b.book_id = bo.book_id;

（3）聚合函数和分组。

将聚合函数和分组查询整合,分别包括查询每个用户的借阅次数和平均借阅时长,查询每本书被借阅的次数,查询每个作者的书籍数,以及查询每个类别的用户数和平均年龄。

SELECT

　　u.user_id,

u.user_name,

COUNT（b.borrowing_id）AS borrowings_count,

AVG（DATEDIFF（b. return_date，b. borrow_date））AS avg_borrow_duration,

c.category,

AVG（u.age）AS avg_age

FROM Users u

LEFT JOIN Borrowings b ON u.user_id = b.user_id

LEFT JOIN Books bo ON b.book_id = bo.book_id

LEFT JOIN Categories c ON u.category_id = c.category_id

GROUP BY u.user_id, u.user_name, c.category;

3.2.2 多维表达式语言

多维表达式语言（MDX）是一种查询和计算多维数据的语言，主要用于分析 OLAP 数据库中的多维数据。OLAP 数据库存储数据在多维数据立方体（也称为数据立方）中，每个维度表示不同的数据属性。MDX 允许用户从这些多维数据立方体中提取、分析和汇总数据。

维度层次。MDX 支持在每个维度中定义层次结构，这些层次结构使用户能够以逐级访问的方式访问数据。例如，时间维度可以包含年份、季度、月份等层次。

成员和元组。MDX 中的成员表示数据立方体中的数据单元，可以通过成员来访问和汇总数据。元组是多个维度中的成员组合，用于精确的指定查询。

切片和切片点。切片是指在数据立方体中选取的子集，用于限制查询的范围。切片点是一个元组，用于在多维数据立方体中定位特定的数据单元。

计算成员和集。MDX 允许用户创建计算成员,通过应用计算公式或表达式生成虚拟成员。集是一组相关成员的集合,可以在 MDX 查询中使用。

聚合和过滤。MDX 支持对数据进行聚合(例如求和、平均值等),以及对查询结果进行过滤和排序。

在图书馆用户画像构建过程中,以读者行为分析主题,建立一个名为"LibraryAnalyticsCube"的多维数据立方体,其中包含"Measures"测量组,"Time"时间维度,"User"用户维度和"Book"书籍维度。下面是一些用于分析该图书馆读者行为分析多维数据立方体的 MDX 语句。

(1)选择数据。

```
SELECT [Measures].[Borrowings] ON COLUMNS,
       [Time].[Year].[2023] ON ROWS
FROM   [LibraryAnalyticsCube]
```

该例子在列上选择"Borrowings"测量,在行上选择 2023 年所有月份的成员,用于查看 2023 年度的图书借阅情况。

(2)聚合和切片。

```
SELECT [Measures].[Borrowings] ON COLUMNS,
       [Time].[Month].[All].Children ON ROWS
FROM   [LibraryAnalyticsCube]
WHERE [User].[Category].[Student]
```

该例子使用 WHERE 子句筛选出"Student"用户类别的数据,然后将"Borrowings"测量在列上按月份进行聚类,以查看学生每个月的借阅情况。

(3)计算成员。

```
WITH MEMBER [Measures].[Average Borrowings] AS
   ([Measures].[Borrowings] / [User].[Category].[All].Children.Count)
SELECT [Measures].[Average Borrowings] ON COLUMNS,
```

[Time].[Quarter].Members ON ROWS

FROM　　[LibraryAnalyticsCube]

该例子创建一个计算成员"Average Borrowings",计算每位用户的平均借阅次数。然后将该计算成员显示在列上,并在行上按季度显示。

（4）级联计算。

WITH MEMBER [Measures].[Growth Rate] AS

　　（[Measures].[Borrowings] － （[Measures].[Borrowings], [Time].[Year].[2022]））/（[Measures].[Borrowings], [Time].[Year].[2022]）* 100

SELECT [Measures].[Growth Rate] ON COLUMNS,

　　[Time].[Year].[2023].Children ON ROWS

FROM　　[LibraryAnalyticsCube]

该例子计算借阅增长率"Growth Rate",再将该计算成员显示在列上,并在行上显示2023年的数据。

3.2.3　Hive 结构查询语言

Hive 结构查询语言（Hive SQL）是 Apache Hive 项目中用于查询和处理分布式数据存储的查询语言。Hive 是建立在 Hadoop 生态系统之上的数据仓库基础架构,它提供了一个类似于传统 SQL 的接口,使得用户可以使用 Hive SQL 语言处理大规模的结构化和半结构化数据。Hive SQL 采用 Schema-on-Read 的数据模型,支持延迟执行和自定义函数,同时提供数据压缩、分区和连接操作,适用于大规模数据的批处理和离线分析。Hive SQL 的高灵活性和强大功能使得它成为处理大数据的有力工具,同时需要考虑数据分布、集群配置和查询优化等因素,以确保其性能最佳。

创建图书馆用户画像会涉及多个维度,包括用户的借阅习惯、兴趣偏好、年龄分布等。以下是使用 Hive SQL 语句生成图书馆用户画像的一些示例。

（1）计算不同年龄段的用户数量。

```
SELECT
    CASE
        WHEN age < 18 THEN 'Under 18'
        WHEN age BETWEEN 18 AND 30 THEN '18-30'
        WHEN age BETWEEN 31 AND 50 THEN '31-50'
        ELSE 'Over 50'
    END AS age_group,
    COUNT(*) AS user_count
FROM users
GROUP BY age_group;
```

该例子使用CASE语句将用户按照年龄划分为不同的年龄段,接着使用GROUP BY语句将用户按照年龄段进行分组,统计每个年龄段的用户数量,再使用SELECT语句选择年龄段和对应的用户数量。

（2）查找借阅量大的书籍。

```
SELECT
    b.book_id,
    bo.book_name,
    COUNT(*) AS borrow_count
FROM borrowings b
JOIN books bo ON b.book_id = bo.book_id
GROUP BY b.book_id, bo.book_name
ORDER BY borrow_count DESC
LIMIT 10;
```

该例子通过JOIN操作将"borrowings"表和"books"表关联,获取每本书籍的借阅次数,接着使用GROUP BY语句按照书籍ID和书名进行分组,统计每本书籍的借阅次数,再使用ORDER BY语句按照借阅次数将结果倒序排列,并使用LIMIT语句限制结果返回的行数为"10"。

(3)分析用户的借阅习惯。

SELECT

  u.user_id,

  u.user_name,

  COUNT(*) AS borrow_count,

  AVG(DATEDIFF(b. return_date, b. borrow_date)) AS avg_borrow_duration

FROM borrowings b

JOIN users u ON b.user_id = u.user_id

GROUP BY u.user_id, u.user_name

ORDER BY borrow_count DESC

LIMIT 10;

该例子通过JOIN操作将"borrowings"表和"users"表关联,获取每个用户的借阅次数和平均借阅时长,接着使用GROUP BY语句按照用户ID和用户名进行分组,统计每个用户的借阅次数和平均借阅时长,再使用ORDER BY语句按照借阅次数将结果倒序排列,并使用LIMIT语句限制结果返回的行数为"10"。

(4)查找最受欢迎的书籍类别。

SELECT

  c.category,

  COUNT(*) AS borrow_count

FROM borrowings b

JOIN books bo ON b.book_id = bo.book_id

JOIN categories c ON bo.category_id = c.category_id

GROUP BY c.category

ORDER BY borrow_count DESC

LIMIT 10;

该例子通过多个 JOIN 操作将"borrowings"表、"books"表和"catego-ries"表关联,获取每个书籍类别的借阅次数,接着使用 GROUP BY 语句按照类别进行分组,统计每个类别的借阅次数,再使用 ORDER BY 语句按照借阅次数将结果倒序排列,并使用 LIMIT 语句限制结果返回的行数为"10"。

(5)计算用户借阅的总次数和平均借阅时长。

SELECT

　　u.user_id,

　　u.user_name,

　　COUNT(*) AS total_borrowings,

　　AVG (DATEDIFF (b. return_date, b. borrow_date)) AS avg_bor-row_duration

　　FROM borrowings b

　　JOIN users u ON b.user_id = u.user_id

　　GROUP BY u.user_id, u.user_name;

该例子通过 JOIN 操作将"borrowings"表和"users"表关联,获取每个用户的借阅次数和平均借阅时长,接着使用 GROUP BY 语句按照用户 ID 和用户名进行分组,统计每个用户的借阅总次数和平均借阅时长。

3.2.4　正则表达式

正则表达式(Regular Expression,Regex 或 RegExp)是一种强大的文本处理工具,用于在字符串中匹配、查找、替换和提取特定的文本模式。它由普通字符(如字母、数字)和特殊字符(元字符)组成,可以使用这些字符构建规则,从而实现对字符串的复杂匹配操作,帮助用户在文本中快速搜索、匹配和提取需要的内容。以下是正则表达式的基本概念和一些常用元字符。

（1）字符匹配：正则表达式中的普通字符会按照字面意义进行匹配。例如，abc 表示匹配文本中连续的"abc"字符串。

（2）元字符：正则表达式中有一些特殊字符，称为元字符，它们具有特殊的含义。

.（点号）：除换行符之外，匹配任意单个字符。

\d：匹配任意一个数字字符（0~9）。

\w：匹配任意一个字母、数字或下划线字符。

\s：匹配任意一个空白字符（空格、制表符、换行符等）。

^：匹配字符串的开始位置。

$：匹配字符串的结束位置。

[]：匹配括号内的任意一个字符。

|：表示或的关系，匹配|前或|后的内容。

+：匹配前面的表达式至少一次。

*：匹配前面的表达式零次或多次。

?：匹配前面的表达式零次或一次，表示可选。

（3）字符类：方括号 [] 用于定义字符类，表示匹配其中的任意一个字符。例如，[aeiou] 表示匹配任意一个元音字母。

（4）反义字符类：使用 ^ 在字符类中表示反义，表示匹配除字符类中定义的字符之外的任意字符。例如，[^0-9] 表示匹配任意一个非数字字符。

（5）位置锚定：位置锚定符用于限定匹配发生的位置。

（6）量词：量词用于限定匹配的次数。

{n}：表示前面的字符恰好匹配 n 次。

{n,}：表示前面的字符至少匹配 n 次。

{n,m}：表示前面的字符匹配 n 到 m 次。

（7）分组：使用小括号（）可以将一组字符视为一个整体，并对其应用量词或其他操作。例如，(abc)+ 表示匹配"abc"出现一次或多次。

正则表达式允许使用多种组合和嵌套匹配更复杂的文本模式，掌握正则表达式可以帮助用户更高效地处理文本数据和字符串匹配任务。

3.3　ETL工具和技术

在ETL实际使用过程中，利用各种ETL工具和技术加速数据的抽取、转换和加载任务。常见的ETL工具包括：Informatica PowerCenter，IBM DataStage，Microsoft SQL Server Integration Services（SSIS），Sqoop，Kettle及Kafka等，它们提供了图形化界面和强大的功能来支持ETL流程的开发和管理。

3.3.1　结构化数据

1.结构化数据ETL工具

结构化数据的ETL过程可以借助多种工具来实现。以下是一些常见的结构化数据ETL工具，如表3-1所示。

表3-1　结构化数据ETL工具

工具	厂商	图形化界面	平台支持	数据源支持	目标系统支持	数据转换与清洗功能
Informatica PowerCenter	Informatica	是	跨平台（Windows、Linux、UNIX）	关系数据库、文件、云存储、大数据等	关系数据库、文件、云存储、大数据等	是
IBM DataStage	IBM	是	跨平台（Windows、Linux、UNIX）	关系数据库、文件、大数据等	关系数据库、文件、大数据等	是

工具	厂商	图形化界面	平台支持	数据源支持	目标系统支持	数据转换与清洗功能
Microsoft SSIS	Microsoft	是	仅支持Windows	关系数据库、文件	关系数据库、文件	是
Sqoop	Apache	否	跨平台（Windows、Linux、UNIX）	关系数据库	Hadoop HDFS	否
Kettle（Pentaho Data Integration）	Pentaho（Hitachi）	是	跨平台（Windows、Linux、UNIX）	关系数据库、文件、Web服务等	关系数据库、文件、Web服务等	是
Kafka	Apache	否	跨平台（Windows、Linux、UNIX）	各种数据源	各种数据目标	否

（1）Informatica PowerCenter。

Informatica PowerCenter 是 Informatica 公司提供的企业级 ETL 工具，它用于数据抽取、数据转换和数据加载。它允许用户从不同的数据源提取数据，执行数据转换和清洗操作，并将数据加载到各种目标系统中。PowerCenter 的设计理念是基于图形化的可视化界面，用户可以通过简单地拖拽和连接组件创建 ETL 作业。这种设计使得非技术人员也能够轻松地设计和管理复杂的数据集成过程。PowerCenter 支持广泛的数据源和目标，包括关系数据库、文件系统、云存储和大数据平台。它还提供强大的数据转换和清洗功能，用户能够有效地处理不一致和冗余的数据。除了 ETL 功能，Informatica PowerCenter 还提供数据质量管理、元数据管理和实时数据集成等附加功能，使其成为全面的数据集成解决工具。

（2）IBM DataStage。

IBM DataStage 是 IBM InfoSphere Information Server 数据集成软件平台的一部分，是 IBM 提供的企业级 ETL 工具。它用于从不同的数据源提取、转换和加载数据。DataStage 的主要特点是可扩展性和高性能。它能够处理大规模的数据集成任务，并能在大数据环境下高效运行。DataStage 提供了图形化的用户界面，允许用户通过简单地拖拽和连接来创建ETL作业。它还支持并行处理,可以将作业拆分为多个任务并同时运行,以提高整体的数据处理效率。DataStage内置丰富的数据转换和清洗功能,用户可以处理复杂的数据转换需求,还提供数据质量管理功能,以确保数据的准确性和一致性。

(3)Microsoft SQL Server Integration Services(SSIS)。

SSIS是Microsoft SQL Server数据库的一部分,是Microsoft提供的ETL工具。SSIS专门用于数据集成、数据转换和数据加载。它允许用户从多种数据源提取数据,并将数据加载到SQL Server数据库中,也可以导出数据到其他目标系统。SSIS提供了基于图形化界面的集成开发环境(IDE),称为SQL Server Data Tools(SSDT)。用户可以在SSDT中设计和管理ETL工作,使用数据流任务定义数据流动和转换规则。SSIS提供丰富的任务和转换器,包括数据清洗、数据聚合、条件分支等,以支持复杂的数据处理需求。SSIS还具有良好的与其他Microsoft产品(如SQL Server Analysis Services、SQL Server Reporting Services)的集成能力,可以构建完整的数据解决方案。

(4)Sqoop。

Sqoop是Apache的一个独立项目,用于在Apache Hadoop和关系数据库之间传输数据,主要将关系数据库中的数据导入Hadoop分布式文件系统(HDFS)中,或者从HDFS导出数据到关系数据库。Sqoop支持多种关系数据库,如MySQL、Oracle、SQL Server等,并提供命令行执行数据导入和导出操作。Sqoop的主要优势在于它与Hadoop生态系统的紧密集成,允许用户在Hadoop集群中进行大规模的数据处理和分析。Sqoop还支持并行数据传输,提高了数据传输的效率。此外,Sqoop还可以处理增量导入,只导入更新过的数据,减少了数据传输的时间和资源消耗。

(5)Kettle(Pentaho Data Integration)。

Kettle现在称为Pentaho Data Integration,是Pentaho开发的开源ETL工具。Kettle提供了图形化用户界面,用户可以通过简单地拖拽和连接来设计和管理ETL作业。Kettle支持多种数据源和目标,包括关系数据库、文件、Web服务等,用户可以从不同数据源提取数据,并将数据加载到各种目标系统中。Kettle的转换器提供了数据转换和清洗功能,允许用户在ETL过程中执行各种数据处理操作。Kettle还支持并行处理,可以将作业拆分成多个任务并同时运行,以提高整体的数据处理效率。同时,它还支持调度和监控功能,用户能够灵活地管理ETL作业的执行。

（6）Kafka。

Kafka是由Apache Software Foundation开发的分布式流处理平台。虽然Kafka不是严格意义上的ETL工具,但它在实时数据流处理方面非常有用。Kafka的主要特点是高吞吐量、低延迟和可扩展性,适用于处理大量的实时数据流。它使用主题来存储数据流,生产者将数据发布到主题,消费者从主题中读取数据进行处理。Kafka可以与其他ETL工具结合使用,作为数据传输管道,将数据从数据源发送到目标系统,或者用于实时数据处理和流式应用程序。

2.结构化数据的ETL示例

构建图书馆用户画像数据仓库——读者借阅行为画像数据的ETL。

（1）分析。

在构建图书馆用户画像数据仓库系统的案例中,主题是读者借阅行为画像,核心数据包括读者基本信息表和借阅历史表。图书馆业务系统采用Oracle数据库。

读者基本信息表记录了每位读者的个人信息,包括学号、姓名、年龄、性别、读者类型、学院、专业和入档日期等关键字段。这些信息提供了对读者背景和特征的全面认识,有助于在分析时考虑不同群体的特定需求。

借阅历史表记录了每位读者的借阅活动,包括借阅日期、还回日期、图书条码号、题名和图书类别等字段。这些核心内容揭示了每位读者的阅读偏好、频率和持续时间,有助于深入洞察读者的兴趣领域和借阅行为。

（2）思路。

按照案例中给出的数据结构和要求,依次进行数据抽取、转换和加载,最终构建一个图书馆用户画像数据仓库系统,以支持对读者借阅行为的深入分析和挖掘。通过这一系统,可以更好地理解读者的背景特征、借阅偏好、兴趣领域等信息,为优化图书馆阅读推广提供决策支持。

数据抽取:使用Sqoop工具从图书馆业务系统的Oracle数据库中抽取读者基本信息和借阅历史数据。Sqoop是一个在Hadoop和关系型数据库之间传输数据的工具,它能够高效地从关系型数据库中提取数据,具有并行导入和导出的功能。

数据转换和清洗:在抽取数据后,对数据进行转换和清洗的操作,以满足数据仓库的需求。具体包括数据类型转换、缺失值处理、数据格式调整等操作,以确保数据的一致性和准确性。

数据加载:将经过转换和清洗的数据加载到目标数据仓库中,这里选择了Hive结构查询语言建立数据仓库。Hive是一个建立在Hadoop上的数据仓库基础设施,它提供类似SQL的查询语言对数据进行透明的查询和分析。通过将数据加载到Hive表或HDFS文件,进行更灵活和高效的数据分析,进而得出更深入的用户画像。

（3）实施步骤。

①创建路径。

在执行Sqoop导入之前,先创建所需的HDFS路径。

```
hdfs dfs -mkdir -p /user/hadoop/读者基本信息

hdfs dfs -mkdir -p /user/hadoop/借阅历史
```

②抽取数据。

使用Sqoop从图书馆业务系统的Oracle数据库中抽取读者基本信息

和借阅历史数据。通过以下命令实现。

·将"读者基本信息"表中的数据导入 Hadoop 集群中的"/user/hadoop/读者基本信息"目录下。

sqoop import \

connect jdbc:oracle:thin:@//图书馆数据库地址:端口号/数据库服务名 \

username 用户名 \

password 密码 \

table 读者基本信息 \

target-dir /user/hadoop/读者基本信息

·将"借阅历史"表中的数据导入 Hadoop 集群中的"/user/hadoop/借阅历史"目录下。

sqoop import \

connect jdbc:oracle:thin:@//图书馆数据库地址:端口号/数据库服务名 \

username 用户名 \

password 密码 \

table 借阅历史 \

target-dir /user/hadoop/借阅历史

③转换数据。

Hive 结构查询语言或其他工具对抽取的数据进行转换和处理。

假设需要对"性别"字段进行规范化,将"男"转换为"M","女"转换为"F",则可以在 Hive 中创建一个新的表并进行数据转换。

·创建一个名为"转换后读者基本信息表"的表用于存储转换后的数据。

CREATE TABLE 转换后读者基本信息表 AS

SELECT

学号,

姓名,

年龄,

CASE

WHEN 性别 = ′男′ THEN ′M′

WHEN 性别 = ′女′ THEN ′F′

ELSE NULL

END AS 性别,

读者类型,

学院,

专业,

入档日期,

FROM 读者基本信息表;

类似地,如果需要计算读者的借阅时长,并将其添加到"借阅历史表"中,则可以通过以下命令实现。

CREATE TABLE 转换后借阅历史表 AS

SELECT

学号,

图书条码号,

题名,

图书类别,

借阅日期,

还回日期,

DATEDIFF(还回日期,借阅日期) AS 借阅时长

FROM 借阅历史表;

④创建 HDFS 路径。

将转换后的数据加载到目标数据仓库之前,需要确保指定的 HDFS

路径已经存在。

　　hdfs dfs -mkdir -p /user/hadoop/读者基本信息表转换后数据

　　hdfs dfs -mkdir -p /user/hadoop/借阅历史表转换后数据

　　⑤加载数据。

　　将转换后的数据加载到目标数据仓库中。要将数据加载到 Hive 表中,则可以创建新的 Hive 表。

　　·创建"用户画像数据仓库_读者基本信息"表,并指定存储路径和字段分隔符。

　　CREATE TABLE 用户画像数据仓库_读者基本信息(

　　　　学号 INT,

　　　　姓名 STRING,

　　　　年龄 INT,

　　　　性别 STRING,

　　　　读者类型 STRING,

　　　　学院 STRING,

　　　　专业 STRING,

　　　　入档日期 STRING

　　　　)

　　ROW FORMAT DELIMITED FIELDS TERMINATED BY ','

　　LOCATION '/user/hadoop/读者基本信息表转换后数据';

　　·向"用户画像数据仓库_读者基本信息"表中插入数据

　　INSERT INTO TABLE 用户画像数据仓库_读者基本信息

　　SELECT * FROM 转换后读者基本信息表;

　　·创建"用户画像数据仓库_借阅历史"表,并指定存储路径和字段分隔符。

　　CREATE TABLE 用户画像数据仓库_借阅历史(

　　　　学号 INT,

```
图书条码号 STRING,
题名 STRING,
图书类别 STRING,
借阅日期 STRING,
还回日期 STRING,
借阅时长 INT
)
ROW FORMAT DELIMITED FIELDS TERMINATED BY ','
LOCATION '/user/hadoop/借阅历史表转换后数据';
```

· 向"用户画像数据仓库_借阅历史"表中插入数据。

```
INSERT INTO TABLE 用户画像数据仓库_借阅历史
SELECT * FROM 转换后借阅历史表;
```

利用上述语句,我们完成了图书馆用户画像数据仓库系统中部分结构化数据的 ETL 过程。通过 Sqoop 工具从 Oracle 数据库中抽取数据,再通过 Hive 结构查询语言,实现了数据仓库数据的转换和加载。

3.3.2　非/半结构化数据

1.非结构化数据 ETL 工具

非结构化数据 ETL 工具可以帮助用户从各种数据源提取非结构化数据,并将其转换为结构化数据,以便存储在数据库或数据仓库中。这些工具通常提供各种功能,如数据解析、数据清洗、格式转换和数据加载,以确保非结构化数据可以被有效地利用和分析。使用非结构化数据 ETL 工具可以帮助图书馆管理者更好地理解和利用非结构化数据,从而获得更深入的洞察和价值。以下是一些常见的非结构化数据 ETL 工具,如表 3-2 所示。

表3-2　结构化数据ETL工具

工具	厂商	图形化界面	平台支持	数据源支持	目标系统支持	数据转换与清洗功能
Flume	Apache	否	跨平台	日志文件、消息队列、Twitter、网络流等	HDFS、HBase、Kafka 等	有限
Logstash	Elastic	否	跨平台	日志文件、消息队列、Beats、JDBC 数据库等	Elasticsearch、Kafka、Amazon S3 等	丰富

（1）Flume。

Flume 是 Apache 的一个开源项目，用于高效地搜集、聚合和传输大规模的非结构化数据，将数据从数据源（如 Web 服务器日志、日志文件、消息队列等）采集到 Hadoop 生态系统中。Flume 的架构基于事件驱动，它包含了各种组件（Agent、Channel、Sink 等），这些组件协同工作确保数据的可靠传输和有效存储。Flume 可以轻松地构建数据流管道，将原始数据从多个源头传输到目标系统，适用于大规模数据采集和处理的场景。

（2）Logstash。

Logstash 是 Elastic 公司开发的一个开源项目，用于搜集、转换和传输日志及其他非结构化数据。Logstash 支持从多种数据源搜集数据，包括日志文件、消息队列、网络流等。它还提供各种过滤器和插件，可以对数据进行转换、解析，以适应特定的数据处理需求。数据经过转换和处理后，Logstash 可以将数据传输到各种目标，如 Elasticsearch，Kafka，Elasticsearch，Amazon S3 等。Logstash 的灵活性和丰富的插件系统使其成为备受欢迎的日志搜集和处理工具，特别适用于与 Elasticsearch 和 Kibana 等工具一起构建实时日志分析和监控解决方案。

Flume 和 Logstash 是专门用于非结构化数据搜集和传输的工具，它们主要用于大规模数据采集和处理，并且在处理日志数据和事件数据方面表现出色。而对于传统的结构化数据 ETL 任务，图书馆管理者应该使用前文提到的 Informatica PowerCenter，IBM DataStage，Microsoft SSIS

等ETL工具。

2.非结构化数据的ETL示例

构建图书馆用户画像数据仓库——移动图书馆网站日志数据的ETL。

（1）分析。

"移动图书馆"网站访问日志是在用户访问网站服务器时产生的日志文件，通常以".log"结尾。这些日志文件包含了各种原始信息，如用户的IP地址、访问时间、请求链接、请求状态、请求字节数等详细信息。通过对这些日志进行分析和统计，可以清楚地了解当前网站的状况。统计和分析网站的状况：基于日志数据，了解网站的访问量、热门链接、用户访问趋势等信息。优化和升级网站：通过分析日志数据，找到访问异常、慢速链接和错误链接等情况，进行优化和改进。制定阅读推广策略：通过分析用户访问情况和用户行为，了解用户偏好和需求，制定针对性的推广策略。

本示例中移动图书馆网站日志文件access_log.log，数据格式为：223.247.237.28 – – [01/Aug/2023: 22: 54: 05 +0800] "GET /sms/opac/search/showSearch.action?schoolid=474&xc=5 HTTP/1.1" 200 4131。

（2）思路。

采集Nginx日志数据至HDFS。

使用Flume抽取移动图书馆网站日志文件access_log.log。

属性提取：从日志中提取关键属性，如IP地址、访问时间、请求的URL等。

数据转换：将IP地址转换为整数形式，便于在数据仓库中进行效率更高的查询和存储。

（3）实施步骤。

①创建Flume配置文件。

创建一个名为 flume.conf 的配置文件,内容如下。

·定义 Flume 的配置:

a1.sources = r1

a1.sinks = k1

a1.channels = c1

·描述/配置数据源:

a1.sources.r1.type = TAILDIR

a1.sources.r1.filegroups = f1

·支持正则:

a1.sources.r1.filegroups.f1 = /var/log/nginx/access_log.log

·描述数据输出目的地(sink):

a1.sinks.k1.type = hdfs

a1.sinks.k1.hdfs.path = hdfs://192.168.204.192:8020/user/TAILDIR

a1.sinks.k1.hdfs.fileType = DataStream

·设置每个文件的滚动大小为 128 MB:

a1.sinks.k1.hdfs.rollSize = 134217700

·默认值:10,当 events 数据达到该数量时候,将临时文件滚动成目标文件,如果设置成 0,则表示不根据 events 数据来滚动文件。

a1.sinks.k1.hdfs.rollCount = 0

·不随时间滚动,默认为 30 秒:

a1.sinks.k1.hdfs.rollInterval = 10

·当 Flume 检测到 HDFS 正在复制块时,会自动滚动文件,导致滚动参数不生效,要将该参数设置为 1;否则 HDFS 文件所在块的复制会引起文件滚动。

a1.sinks.k1.hdfs.minBlockReplicas = 1

·使用一个内存缓冲的 channel:

a1.channels.c1.type = memory

　　　　a1.channels.c1.capacity = 1000

　　　　a1.channels.c1.transactionCapacity = 100

　·将数据源和输出目的地(sink)绑定到 channel 上:

　　　　a1.sources.r1.channels = c1

　　　　a1.sinks.k1.channel = c1

②启动 Flume。

启动 Flume 的执行命令为:

　　　bin/flume-ng agent -c ./conf -f ./conf/flume.conf -n a1 -Dflume.root.
logger=INFO,console

　·bin/flume-ng: Flume 的启动脚本,它执行 Flume Agent。

　·agent: 表示要启动的 Flume Agent。

　·-c ./conf: 指定 Flume 的配置文件目录。在这里,配置文件应该位
于当前工作目录的"./conf"目录下。

　·-f ./conf/flume.conf: 指定 Flume 的配置文件。这里使用的配置文件
是 flume.conf,它描述了 Flume 的配置。

　·-n a1: 指定 Flume Agent 的名称。在这里,Flume Agent 的名称是
a1,这个名称在配置文件中被使用。

　·-Dflume. root. logger=INFO, console: 设 置 Flume 的 日 志 级 别 为
"INFO",并将日志输出到控制台"console"。这个选项可选,它用于在终
端或命令行窗口中查看 Flume 运行时的日志信息。

　　执行该命令后,"Flume Agent a1"将开始运行,并根据配置文件
"flume.conf"中的设置,从指定的数据源"/var/log/nginx/access_log.log 文
件"采集数据,并将其传输到 HDFS 的目标路径"hdfs://192.168.204.192:
8020/user/TAILDIR"。同时,Flume 会将日志信息输出到终端或命令行窗
口,以便监控和调试。

　　③日志文件进行属性提取。

　　a.要求:将 IP 地址转换为整数。

IP地址由四个八位组（X1，X2，X3，X4）组成，每个八位组代表0到255之间的整数，将IP地址转换为32位无符号的整数形式，从而在大规模的数据集中节省存储资源并提高查询性能。

IP地址转换为整数形式的优点：

·在数据库查询中，使用整数形式比字符串形式更高效，可以更快速地进行IP地址范围查询或排序操作。

·方便对IP地址进行数学运算，如判断是否在某个特定的IP地址范围内。

·减少数据传输量，提高网络通信效率。

转换过程如下：

·第一个八位组乘以256^3，将其左移24位，占据整数的高位24位位置，表示IP地址的第一个部分。

·第二个八位组乘以256^2，将其左移16位，占据整数的中间8位位置，表示IP地址的第二个部分。

·第三个八位组乘以256，将其左移8位，占据整数的低位8位位置，表示IP地址的第三个部分。

·第四个八位组保持不变，占据整数的最低8位，表示IP地址的第四个部分。

b.数据处理。

（a）创建原始表。

·创建表"web_access_log"用于存放日志。

```
CREATE TABLE web_access_log (
    log_content TEXT
);
```

·创建表"ip_content"用于存放IP地址库。

```
CREATE TABLE ip_content (
 content STRING
```

）；

（b）导入数据。

日志数据由 flume 抽取后存放在服务器相应的位置"/user/TAILDIR"中，从"/user/TAILDIR"取出数据加载到创建好的 web_access_log 表中。

load data local inpath '/user/TAILDIR/access_log.log' into table web_access_log;

c. 日志文件属性提取。

（a）创建表"access_log_tmp1"用于存放提取出来的日志各部分属性。

```
DROP TABLE IF EXISTS access_log_tmp1;
CREATE TABLE access_log_tmp1 (
    ip_address VARCHAR(15),
    first_ip_segment INT,
    ip_decimal INT,
    timestamp DATETIME,
    method VARCHAR(10),
    url VARCHAR(255),
    protocol VARCHAR(10),
    status_code INT,
    bytes_sent INT
);
```

（b）使用正则表达式提取并向临时表插入数据。

从"web_access_log"表中获取数据，"log_content"列提取特定信息，并转换将其插入到"access_log_tmp1"表中。

```
INSERT OVERWRITE access_log_tmp1
SELECT
    split(log_content, ' ')[0] AS ip_address,
```

　　CAST（split（split（log_content, ' '）[0], '\\. '）[0] AS INT）AS first_ip_segment,

　　CAST（split（split（log_content, ' '）[0], '\\.'）[0] AS INT）* 256 * 256 * 256 +

　　CAST（split（split（log_content, ' '）[0], '\\.'）[1] AS INT）* 256 * 256 +

　　CAST（split（split（log_content, ' '）[0], '\\.'）[2] AS INT）* 256 +

　　CAST（split（split（log_content, ' '）[0], '\\.'）[3] AS INT）AS ip_decimal,

　　toDateTime（replaceFirst（regexp_extract（log_content, '\\[（.*?）\\]', 1）, ' +0800', ''））AS timestamp,

　　regexp_extract（log_content, '"（.*?）"', 1）AS request_line,

　　split（regexp_extract（log_content, '"（.*?）"', 1）, ' '）[1] AS method,

　　split（regexp_extract（log_content, '"（.*?）"', 1）, ' '）[2] AS url,

　　split（regexp_extract（log_content, '"（.*?）"', 1）, ' '）[3] AS protocol,

　　cast（split（log_content, ' '）[9] AS INT）AS status_code,

　　cast（split（log_content, ' '）[10] AS INT）AS bytes_sent

　　FROM web_access_log;

　　这段 SQL 查询中使用了正则表达式来提取一些字段的信息。例如：regexp_extract（log_content, '"（.*?）"', 1）使用正则表达式来从 log_content 中提取位于双引号之间的内容,具体解释如下。

　　": 匹配双引号字符。

　　（.*?）: 这是一个分组,用于匹配零个或多个任意字符。.*? 表示非贪婪匹配,即匹配尽可能少的字符。

　　": 再次匹配双引号字符。

　　, 1: 表示仅捕获分组中的内容,这是一个可选的参数,如果省略则会捕获整个匹配。

　　因此,这个表达式会匹配并捕获位于双引号之间的内容,用作临时字段"request_line"的值。

（c）access_log_tmp1表的内容。

SELECT * FROM access_log_tmp1;

通过Flume工具将"移动图书馆"网站的访问日志数据抽取到HDFS中，完成网站访问日志数据的ETL过程。

第4章　联机分析处理

4.1　联机分析处理概述

联机分析处理(OLAP)是关系数据库之父 E.F.Codd 于1993年正式提出的创新概念。当时,E.F.Codd 深刻认识到联机事务处理(On-Line Transaction Processing,OLTP)不能满足终端用户对数据库查询分析的迫切需求。随着用户对更为复杂、动态的历史数据的需求日益增长,他们要求从多样数据源中综合信息,以多个视角观察数据。因此,E.F.Codd 引入了多维数据库和多维分析的概念,即 OLAP。OLAP 作为一种计算方法和技术,以多维数据模型为基础存储数据,用户能够从不同维度对数据进行深入查询和分析。基于数据多维视图的构建,OLAP 为用户提供了强大的统计、分析和趋势预测功能,成为数据仓库中不可或缺的分析展示工具。

4.1.1　OLAP的构成要素

多维结构是决策支持的关键,也是 OLAP 的核心。OLAP 展现在用户面前的是一幅幅多维视图。

（1）维。

维是人们观察数据的特定角度，是考虑问题时的一类属性，相同类型数据的集合构成一个维，如时间维、图书类别维等。数据仓库中的数据按照维来组织，维成为数据仓库中识别数据的索引。维有固有的属性，如层次结构、排序、计算逻辑等，这些属性对进行决策支持是非常有用的。

（2）维的层次。

维的层次是人们观察数据的某个特定角度存在细节程度不同的描述，例如，时间维可以从日、周、月、季度、年等不同层次来描述，那么日、周、月、季度、年等就是时间维的层次。

（3）维的取值。

维的取值也就是维成员。当维有多个层次时，维成员由多个层次的所有取值的组合构成。例如，考虑时间维具有日、月、年这三个层次，分别在日、月、年上各取一个值组合起来，就得到了时间维的一个维成员。一个维成员并不一定在每个维层次上都取值，例如，"某年某月某日""某年某月""某月某日""某年""某月"等都是时间维的维成员。

（4）多维数据集。

多维数据集也叫立方体。多维数据集可以用一个多维数据（维1，维2，维3，……，维n）表示。例如，若文献资产清查数据是按文献馆藏地点、文献馆藏状态、文献入档日期组织起来的三维立体，加上度量"文献册数"，就组成了一个多维数组（文献馆藏地点、文献馆藏状态、文献入档日期，文献册数），它表示的含义就是某个馆藏地点在某个时间入档的各种文献馆藏状态的图书册数。另外，OLAP的多维视图可以冲破物理二维的概念，采用多种可视化技术，在屏幕上展示多维视图的结构。例如，若文献资产清查数据增加一维（如文献分类），度量也增加一个（如文献单册价），用户便可以更直观地对多个维度组合数据进行理解、分析，提高决策的支持力度。

（5）数据单元。

数据单元就是多维数据组的取值，当多维数据组的各个维都选中一个维成员时，这些维成员的组合就唯一确定了一个变量的值，数据单元可以表示为（维1的取值，维2的取值，维3的取值，……，维n的取值）。例如，在文献馆藏地点、文献馆藏状态、文献入档日期各取维成员"自然科学阅览室""入藏""2016年5月"，就唯一确定了度量"文献册数"的一个值（假设为3226），则该数据单元可以表示为（自然科学阅览室，入藏，2016年5月，3226）。

这些要素共同构成了OLAP技术的基础，它们允许用户通过多维数据分析工具从不同维度和层次来探索和分析数据，以获得更深入的洞察和理解。

4.1.2 OLAP的功能

（1）多维性。

OLAP可以处理包含多个维度的数据集合。每个维度代表数据集中的一个属性或特征，通过对多个维度进行交叉分析，可以获得更全面的数据视图。例如，可以根据时间维度（日、周、月）分析借阅量的变化趋势；根据地理位置维度（不同校区或不同分馆）比较各个图书馆的借阅情况；根据用户类型维度（学生、教师、其他人员）分析不同用户群体的借阅行为等。

（2）快速查询。

OLAP具有快速查询的能力，可以在大规模数据集上进行快捷查询和高效分析。通过使用预计算和索引等技术，OLAP可以加快数据查询的速度，提供近实时的分析结果。例如，在图书流通业务分析主题中，图书馆管理者可以创建一个基于时间、图书类别和读者类型的多维度数据立方体。在这个立方体中，每个维度都有相应的层次结构，比如时间维度可以包括年、月和日等层级。利用预计算和索引技术,OLAP可以在这个立方体上进行查询和分析操作,而无需扫描原始的庞大数据集。

（3）复杂分析功能。

OLAP提供了广泛且强大的分析功能,如多维数据切片、切块、钻取和旋转等功能。这些功能赋予用户在数据探索中更高的灵活性,从不同维度的组合和视角进行数据分析,以获得更深入的洞察。以图书馆座位预约系统为例,通过应用OLAP进行多维数据分析,读者可以选择特定的时间段、座位位置或座位类型,以便深入了解在这些条件下的座位使用情况;利用钻取功能,从总体的座位利用率深入到每个座位位置或座位类型的利用率;利用旋转功能,将时间维度置于列,将座位位置维度置于行,以便比较不同位置的座位在不同时间段的使用情况。这些复杂分析功能使用户能够更加深入地挖掘数据,揭示潜在的规律和趋势,为决策提供有力支持。

（4）灵活的数据建模。

OLAP提供灵活的数据建模能力,用户能够根据需要创建和定义自己的维度和指标,以便更好地满足分析要求。例如,在图书流通业务分析主题中,可以通过定义图书的分类、出版日期、作者、读者类别等维度,从不同角度对图书进行分析。通过分类维度,可以了解不同类别图书的借阅情况,而通过作者维度,则可以评估每位作者的图书受欢迎程度。这样的维度定义帮助图书馆管理者全面了解图书的特点和受欢迎程度。同时,通过定义借阅次数、续借次数和图书归还率等指标,可以衡量图书的使用情况和读者对图书的喜好程度,支持图书馆管理者优化采购决策和资源配置,以满足读者的需求。此外,通过对历史数据进行趋势分析,可以预测未来的借阅和使用情况。

（5）一致的数据集成。

OLAP能够整合来自不同数据源的数据,并提供一致的视图和数据集成。这使得用户可以跨多个数据源进行分析,而无需关心底层数据的来源和结构。例如,图书馆可以将来自图书管理系统、座位管理系统和门禁系统等不同数据源的数据进行整合,在OLAP中创建统一的数据模型和维度。这样,用户就可以跨系统进行综合分析和查询。通过整合不同数据源的数据,可以获得更全面、更准确的数据,从而更好地了解图书馆的运营情况。如将借阅记录、座位使用情况和读者进出记录等数据整合在一起,通过OLAP进行综合分析,可以了解图书馆的热门图书、热门座位区域和读者的行为模式等信息。此外,通过数据集成,还可以进行跨系统的数据比较和关联分析。如可以将图书管理系统中的图书借阅记录与座位管理系统中的座位使用情况进行关联分析,了解读者在借阅图书后选择的座位区域偏好。这样的分析可以帮助图书馆管理者优化座位布局和资源配置,进一步提升读者的使用体验。

(6)可视化。

OLAP提供丰富的可视化功能,可以通过图表、图形和报表等方式展示多维数据的分析结果。可视化有助于用户更直观地理解数据,并发现数据之间的关系和趋势。例如,在图书馆中可以利用OLAP的可视化功能展示各种分析结果:可以使用柱状图展示图书借阅量的趋势,以便观察不同时间段借阅情况的变化;使用热力图,可以展示座位使用的热点区域,帮助图书馆管理者了解哪些区域最受欢迎,以及何时需要增加座位资源。此外,仪表板可以展示数字资源的访问统计,包括下载量、浏览次数等,以便图书馆管理者评估资源的受欢迎程度。

4.2 OLAP 的基本操作

OLAP分析主要通过对多维数据集进行切片、切块、钻取、旋转等操作,帮助用户从多个维度、多个侧面和多重数据层次观察数据仓库中的数据,从而了解数据背后蕴含的规律。例如,在进行"读者借阅行为分析"时,可以使用以下维度和指标探索相关信息。

（1）维度。

读者学院：文学院、历史与社会学院等；

读者专业：汉语言文学、历史学等；

图书馆藏地点：社科阅览室、自然科学阅览室等；

操作日期：年、季度、月等。

（2）指标。

借阅次数。

4.2.1　切片

切片（Slice）是在指定维度选择某一维度值后,观察剩余维度的测度变化情况。

例如,在一个包含"文献馆藏地点""读者性别"和"读者专业"三个维度的读者行为分析数据集中,按"读者专业"进行切片,选择"读者专业"为"历史学",得到"文献馆藏地点"和"读者性别"两个维度的切片结果,如表4-1所示。

表4-1　读者借阅行为分析立方体按"读者专业"切片结果（单位：人次）

读者专业	文献馆藏地点	读者性别		总计
		男	女	
历史学	南校区社科阅览室二	20877	34714	55591
	南校区社科阅览室三	3806	4446	8252
	南校区社科阅览室一	5481	14722	20203
	南校区自然科学阅览室	1307	1535	2842
	总计	31471	55417	86888

在表4-1中,我们选择特定的读者专业"历史学",并观察在这个专

业中,不同文献馆藏地点和不同性别读者的借阅情况。

4.2.2 切块

切块(Dice)是在指定维度后选择两个或两个以上的维度值,观察剩余维度的测度值变化情况。通过选择多个维度值的组合,可以深入研究这些组合下的数据情况。

例如,在一个包含"文献馆藏地点""读者性别"和"读者专业"三个维度的读者行为分析数据集中,按照"读者专业"进行切块,选择"读者专业"为"历史学"和"汉语言文学",得到"文献馆藏地点"和"读者性别"两个维度的变化情况,如表4-2所示。

表4-2　读者借阅行为分析立方体按"读者专业"切块结果(单位:人次)

文献馆藏地点	读者性别		总计
	男	女	
南校区社科阅览室二	28030	58443	86473
汉语言文学	7153	23729	30882
历史学	20877	34714	55591
南校区社科阅览室三	5091	9978	15069
汉语言文学	1285	5532	6817
历史学	3806	4446	8252
南校区社科阅览室一	24642	151542	176184
汉语言文学	19161	136820	155981
历史学	5481	14722	20203
南校区自然科学阅览室	2131	3858	5989
汉语言文学	824	2323	3147
历史学	1307	1535	2842
总计	59894	223821	283715

在表4-2中,我们选择特定的读者专业组合——"历史学"和"汉语言文学",并观察在这两个专业下,不同文献馆藏地点和不同性别读者的借阅情况。

4.2.3　钻取

钻取(Drill-down)是指从较高的维度层次下降到较低的维度层次,以便查看更详细的多维数据。维度的层次结构使得数据从较高维度综合度下降到较低维度综合度,数据量逐渐增加,细节逐渐丰富。数据钻取可以改变维度的分析粒度,包括上卷和下钻操作。

例如,在一个包含"文献馆藏地点""读者性别""读者学院"和"读者专业"四个维度的读者行为分析数据集中,按照"读者学院"进行切块,选择读者学院为"历史与社会学院"和"文学院",以观察"文献馆藏地点"和"读者性别"两个维度的切块结果,如表4-3所示。在此基础上对"读者学院"维度进行向下钻取,把"读者学院"数据进一步细化到各专业层次,如表4-4所示。

表4-3　读者借阅行为分析立方体按"读者学院"切块结果(单位:人次)

文献馆藏地点	读者性别		总计
	男	女	
南校区社科阅览室二	89318	128988	218306
历史与社会学院	63775	72880	136655
文学院	25543	56108	81651
南校区社科阅览室三	33547	40253	73800
历史与社会学院	24281	21901	46182
文学院	9266	18352	27618
南校区社科阅览室一	78999	283248	362247

续　表

文献馆藏地点	读者性别		总计
	男	女	
历史与社会学院	17485	39285	56770
文学院	61514	243963	305477
南校区自然科学阅览室	8485	10733	19218
历史与社会学院	5635	4868	10503
文学院	2850	5865	8715
总计	210349	463222	673571

表4-4　读者借阅行为分析立方体按"读者学院"至"读者专业"下钻结果（单位：人次）

文献馆藏地点	读者性别		总计
	男	女	
南校区社科阅览室二	33814	70470	104284
历史与社会学院	24438	40949	65387
历史学	20877	34714	55591
社会工作	3561	6235	9796
文学院	9376	29521	38897
汉语国际教育	40	465	505
汉语言文学	7153	23729	30882
汉语言文学（非师范）	146	707	853
汉语言文学（秘书学）	2037	4620	6657
南校区社科阅览室三	7190	13519	20709
历史与社会学院	5030	5808	10838
历史学	3806	4446	8252
社会工作	1224	1362	2586
文学院	2160	7711	9871

文献馆藏地点	读者性别		总计
	男	女	
汉语国际教育	0	99	99
汉语言文学	1285	5532	6817
汉语言文学(非师范)	6	185	191
汉语言文学(秘书学)	869	1895	2764

通过上述过程,我们可以从读者的学院层次逐步深入到特定的专业层次,从而更全面地了解不同维度间的数据关系和变化情况。与此相反,从表4-4到表4-3的过程称为数据上卷,即将数据重新汇总到更高的维度层次。

4.2.4　旋转

旋转(Rotate)是调整维度的位置,将维度从行转换为列,或者从列转换为行,以便从不同的维度视角来观察和分析数据。例如,将"读者学院"作为列而不是行来比较不同学院的借阅次数,在表格中将"读者学院"和"读者性别"两个维度行列互换。图书馆管理者还可以从其他视角来观察多维数据。

例如,在一个包含"文献馆藏地点""读者性别"和"读者学院"等维度的读者行为分析数据集中,以"文献馆藏地点"为行、"读者学院"为列显示借阅次数。通过旋转操作,可以将"读者学院"为列,而将"读者性别"为行,以便比较不同学院间不同性别读者的借阅情况。表4-5为表4-3进行旋转操作后得到的结果。

表4-5　表4-3进行旋转操作的结果("读者学院"和"读者性别"维度互换)(单位:人次)

文献馆藏地点	读者学院		总计
	历史与社会学院	文学院	
南校区社科阅览室二	136655	81651	218306
男	63775	25543	89318
女	72880	56108	128988
南校区社科阅览室三	46182	27618	73800
男	24281	9266	33547
女	21901	18352	40253
南校区社科阅览室一	56770	305477	362247
男	17485	61514	78999
女	39285	243963	283248
南校区自然科学阅览室	10503	8715	19218
男	5635	2850	8485
女	4868	5865	10733
总计	250110	423461	673571

由表4-5可知,通过旋转操作,我们可以从不同的维度排列数据,从不同视角探索数据,以便更全面地了解多维数据集中的模式、关系和趋势。

第5章　数据挖掘

5.1　分类

分类是数据挖掘中应用广泛的方法之一。它利用训练数据集和类标号属性来构建模型,从而能够对现有数据进行分类,并具备预测新样本所属类别的能力。在图书馆管理领域,运用数据挖掘的分类技术可以将读者分成不同的群体,从而为图书馆管理者揭示不同类型读者的特征和行为模式。

5.1.1　决策树算法

决策树算法在分类问题中发挥着重要作用,它是一种以树状结构表示的分类方法。这种方法根据样本的属性构建决策树,将属性的取值作为分支,最终将分类结果存储在叶子节点。为了更好地理解,我们通过一个简单的图书分类问题来介绍决策树的应用。

在"图书是否受欢迎"分类问题中,样本采用的属性为{图书类别,书龄,续借次数},其中图书类别属性取值有{T类,H类,I类};书龄属性取值有{≤8,>8};续借次数属性取值有{≤2,>2}。下面是根据样本提供类别构建的决策树,如图5-1所示。

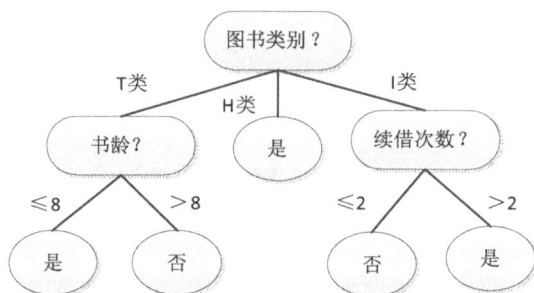

图 5-1 "图书是否受欢迎"决策树

在图 5-1 的决策树中,我们可以看到有两种类型的节点:决策节点和叶子节点。根节点先询问问题:"图书类别是什么?"这个问题有三个可能的答案:T 类、H 类和 I 类。这三个答案形成了根节点下的三个分支。随后,决策树在内部节点继续提出问题,例如,"书龄是≤8 年或>8 年?"或"续借次数是<2 次或>2 次?"根据属性的取值选择相应的分枝,直到达到叶子节点。

分类结果:每个叶子节点代表一个分类结果,"是"表示图书受欢迎,"否"表示图书不受欢迎。根据决策树,我们可以得出以下结论:

T 类图书,如果书龄≤8 年,则是受欢迎的图书;如果书龄>8 年,则是不受欢迎的图书。

H 类图书,是受欢迎的图书。

I 类图书,如果续借次数<2 次,则是不受欢迎的图书;如果续借次数>2 次,则是受欢迎的图书。

根据上述决策树,我们可以按照给定的图书属性判断图书是否受欢迎。例如,如果一本图书的属性为 T 类、书龄为 6 年、续借次数为 3 次,根据决策树,可以判断该图书是受欢迎的;另外,如果一本图书的属性为 I 类、书龄为 10 年、续借次数为 1 次,根据决策树,则判断该图书不受欢迎。

构建决策树的核心任务是进行属性度量选择,以确定在树的不同节点上最佳的特征,用于对数据进行分割。为了有效地选择这些分割属性,通常会采用自顶向下的递归与分治方法。这个方法将数据集逐步分割成更小的子集,直到满足停止条件为止。在这个过程中,采用贪心策略,即每次选择能够最大程度减少不确定的属性。

1.ID3 算法

决策树学习算法中最基础的为 ID3 算法。ID3 算法是利用信息论原理对大量样本的属性进行分析和归纳产生的,以自顶向下递归(各个击破)的方式构造决策树。该算法先选择信息增益最大的属性作为当前的特征对数据集分类,再通过迭代的方式进行分类,直至达到递归停止的划分标准,从而构造决策树模型。

(1)属性选择度量。

ID3 算法使用信息增益作为属性选择度量,选择具有信息增益最大(或最大熵压缩)的属性作为当前节点的测试属性。该属性使结果分区中对样本分类所需要的信息量最小,并反映结果分区中的最小随机性或"不纯性"。这种方法使得对一个对象分类所需要的期望测试数目最小,并确保找到一棵简单的(但不必是最简单的)决策树。信息增益的计算方法如下。

设 S 是 s 个数据样本的集合。假定类标号属性具有 m 个不同值,定义 m 个不同类 C_i($i=1,\cdots,m$),设 s_i 是 C_i 中的样本数。对一个给定的样本分类所需的期望信息为

$$I(S_1,\ \cdots,\ S_m)=-\sum_{i=1}^{m} P_i \log_2(P_i) \tag{5-1}$$

式中,P_i 是任意样本属于 C_i 的概率,并用 s_i/s 估计。公式 5-1 中的对数函数以 2 为底,因为该信息采用二进制编码。

设属性 A 具有 v 个不同值 $\{a_1, a_2, \cdots, a_v\}$,这些取值将 S 划分为 v 个子集 $\{S_1, S_2, \cdots, S_v\}$,其中,$S_j$ 包含了 S 中属性 A 取值为 a_j 值的数据样本。如

果以 A 为测试属性,则这些子集对应该节点的不同分枝。

若用 s_{ij} 表示子集 S_j 中属于类 C_i 类的样本数,则属性 A 对于分类 C_i(i=1,$\cdots$,m)所需的期望信息为

$$E(A) = \sum_{j=1}^{v} \frac{S_{1j} + \cdots + S_{mj}}{S} I(S_{1j}, \cdots, S_{mj}) \qquad (5-2)$$

式中,$\dfrac{S_{1j} + \cdots + S_{mj}}{S}$ 是 S_j 子集的权重。$I(S_{1j}, \cdots, S_{mj})$ 是属性 A 中每个值对分类 C_i 的期望信息,其计算公式为

$$I(S_{1j}, \cdots, S_{mj}) = -\sum_{i=1}^{m} P_{ij} \log_2(P_{ij}) \qquad (5-3)$$

式中,$P_{ij} = \dfrac{S_{ij}}{|S_j|}$ 表示 S_j 中的样本属于类 C_i 的概率,$|S_j|$ 是 S_j 子集中样本的数量。

属性 A 作为决策分类属性的度量值——信息增益,则

$$\text{Gain}(A) = I(S_1, \cdots, S_m) - E(A) \qquad (5-4)$$

(2)决策树递归停止条件。

①给定节点的所有输入样本属于同一类,无需进一步划分。

②不再有剩余属性可以用来进一步划分样本。在此情况下,使用多数类创建一个树叶。

③给定分枝已没有输入样本。在此情况下,以样本中的多数类创建一个树叶。

(3)ID3算法示例。

为了便于理解该算法,我们以一个数据集作为描述示例,数据集如表5-1所示。该数据集中记录了本科生是否频繁借阅图书的相关数据。分类的目的就是根据某一位本科生的属性,如年级、专业及性别等,来预测判断这一位本科生借阅图书是否频繁。

表 5-1　读者数据库训练数据集

序号	属性			借阅是否频繁
	年级	专业	性别	
1	大一	舞蹈表演	女	否
2	大一	教育学	男	是
3	大四	物理学	女	是
4	大三	舞蹈表演	女	是
5	大三	教育学	女	是
6	大二	舞蹈表演	女	否
7	大三	教育学	男	否
8	大四	教育学	男	是
9	大一	舞蹈表演	男	否
10	大一	教育学	女	是
11	大四	舞蹈表演	男	是
12	大四	教育学	女	是
13	大三	物理学	男	否
14	大二	物理学	男	是
15	大二	教育学	女	否
16	大二	教育学	男	是

根据表 5-1 的数据集,类标号属性"借阅是否频繁"有两个不同值:"是"或"否",因此有两个不同的类。值为"是"的样本个数为 10,值为"否"的样本个数为 6。

①根据公式 5-1,计算对给定样本分类所需的期望信息为

$$I(S_1,\ S_2)=I(10,\ 6)=-\frac{10}{16}\log_2\frac{10}{16}-\frac{6}{16}\log_2\frac{6}{16}=0.9544$$

当专业="教育学":$S_{11}=6$,$S_{21}=2$,$I(S_{11},\ S_{21})=I(6,\ 2)=0.8113$;

当专业="舞蹈表演":$S_{12}=2$,$S_{22}=3$,$I(S_{12},\ S_{22})=I(2,\ 3)=0.9710$;

当专业="物理学"：$S_{13}=2$，$S_{23}=1$，$I(S_{13}, S_{23})=I(2, 1)=0.9183$。

②根据公式5-2，样本按"专业"划分，对一个给定的样本分类所需的期望信息为

$$E(专业)=\frac{8}{16}I(S_{11}, S_{21})+\frac{5}{16}I(S_{12}, S_{22})+\frac{3}{16}I(S_{13}, S_{23})=0.8813。$$

③根据公式5-4，按专业划分的信息增益为

Gain(专业)=$I(S_1, S_2)-E(专业)$=0.954-0.8813=0.0727。

④同理可以计算Gain(年级)=0.204，Gain(性别)=0.0001。

⑤创建决策树的树根与分枝。由于信息增益最大的是"年级"属性，因此选择它作为树根节点，用"年级"标记，并对于每个属性值，引出一个分枝，对"年级"的4个取值进行分枝，4个分枝对应4个子集，分别是：大一={1，2，9，10}，大二={6，14，15，16}，大三={4，5，7，13}，大四={3，8，11，12}。其中大四的例子全部属于"是"类，停止递归，其余3个例子的子集既有正也有反，需递归调用算法继续建树。

大一分枝：Gain(专业)=0.0727，Gain(性别)=0.0001，"专业"的信息增益大，因此选择"专业"为根结点，再向下建立分枝。"专业"取值"教育学"的例子全为"是"类，该分枝标记为"是"；"专业"取值"舞蹈表演"的例子全为"否"类，该分枝标记为"否"。

大二分枝："性别"取值"男"的例子全为"是"类，该分枝标记为"是"；"性别"取值"女"全为"否"类，该分枝标记为"否"。

大三分枝："性别"取值"女"的例子全为"是"类，该分枝标记为"是"；"性别"取值"男"全为"否"类，该分枝标记为"否"。

经过拆分计算，得到如图5-2所示的"读者借阅是否频繁"决策树。

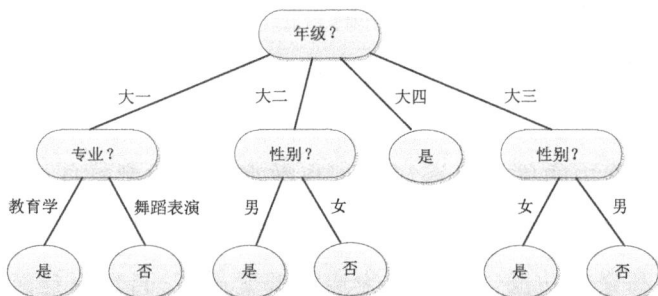

图5-2 "读者借阅是否频繁"决策树

（4）由决策树提取分类规则。

决策树建立好后，可以很容易从中获得规则。从根到叶的每一条路径都可以是一条规则，规则采用"if…and…then"的形式表示。如图5-2的决策树，我们可以从中提取的规则有：

If 年级="大一"and 专业="教育学"　　　then 借阅是否频繁="是";

If 年级="大一"and 专业="舞蹈表演"　　 then 借阅是否频繁="否";

If 年级="大二"and 性别="男"　　　　then 借阅是否频繁="是";

If 年级="大二"and 性别="女"　　　　then 借阅是否频繁="否";

If 年级="大四"　　　　　　　　　then 借阅是否频繁="是";

If 年级="大三"and 性别="女"　　　　then 借阅是否频繁="是";

If 年级="大三"and 性别="男"　　　　then 借阅是否频繁="否"。

从以上规则可以看出年级为"大一"的本科生借阅是否频繁取决于专业属性；年级为"大二"与"大三"的本科生借阅是否频繁取决于性别属性，且在不同年级阶段不同性别的本科生的借阅行为发生改变；年级为"大四"的本科生借阅是否频繁与他们的专业、性别没有直接关系。

2.CHAID算法

CHAID（Chi-squared Automatic Interaction Detection）算法，全称卡方自动交互检测，是由卡斯（Kass）于20世纪80年代提出的。这种算法是一

种用于分类和序次等级数据分析的方法。采用CHAID算法评估多个特征之间的交互作用，将具有相似分布的特征进行合并，并生成多叉树结构。

CHAID算法的优点是可以处理离散型或连续型特征，并且能够检测不同特征之间的非线性关系。它以目标最优为依据，具有目标选择、变量筛选和聚类功能。当变量为连续型变量时，自动将连续型变量分为10段处理，但是可能有遗漏。该算法的具体步骤如下。

（1）数据准备阶段。

搜集包括自变量（解释变量）和目标变量（要预测或分类的变量）的数据集。确保数据集中的自变量和目标变量是分类或有序的。

（2）初始步骤。

将所有自变量与目标变量进行交叉分类，生成交叉分类表。

（3）分裂阶段。

针对交叉分类表中的每个自变量与目标变量，计算卡方值或使用其他适当的统计量评估自变量对目标变量的重要性。

选择具有最高卡方值的自变量作为当前节点的分裂变量。

根据分裂变量的不同水平（如不同类别）进行分裂，生成子节点。

（4）递归阶段。

对每个子节点，重复分裂阶段的步骤，直到满足停止条件为止。

（5）停止条件。

当树的深度达到预先设定的最大深度。

当节点中样本数量低于设定的最小样本数。

当进一步分裂不能显著提高模型的预测性能。

（6）剪枝阶段。

对构建好的决策树进行剪枝，去除对模型预测没有显著帮助的节点，以防止过拟合。

(7)决策树生成。

根据分裂的结果,生成最终的决策树模型。

通过以上步骤,CHAID算法根据数据中自变量与目标变量的关系构建决策树模型。它在每个节点选择分裂变量时都使用了卡方检验,以确保选取的自变量能够最大程度地解释目标变量的差异。因此,CHAID算法适用于处理分类和序次等级数据,能够生成清晰且可解释的决策树模型,用于预测和分类任务。

5.1.2 神经网络算法

人工神经网络(Artificial Neural Network, ANN)是由大量处理单元(神经元)广泛互联而成的网络,能够模拟生物神经系统对真实世界做出交互反应,基于人工神经网络建立计算模型。

1.生物神经元与人工神经元

生物神经元,也称神经细胞,是构成神经系统的基本单元。虽然神经元形态与功能多种多样,但都主要由细胞体、轴突、树突、突触、神经末梢构成,如图5-3所示。

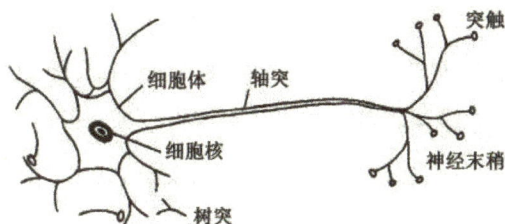

图5-3 生物神经元

人工神经元利用物理器件来模拟生物神经网络的某些结构和功能。人工神经元与生物学上的神经细胞是对应的。典型的人工神经元模型结构如图5-4所示。

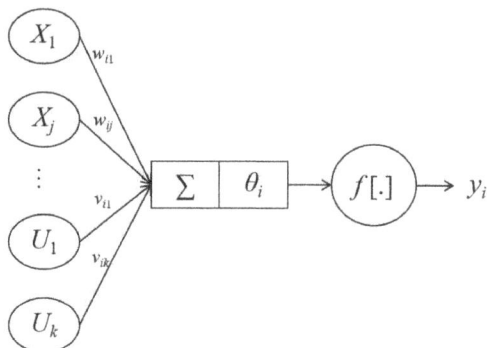

图5-4 人工神经元

图5-4中,X是神经元的外部输入,U为其他神经元的输入;w_{i1},w_{ij},$\cdots$,v_{i1},v_{ik}分别是X_1,X_j,$\cdots$,U_1,U_k的权重系数;$f[.]$是激发函数,它决定神经元受到输入的作用达到阈值θ_i时以何种方式输出;y_i是神经元的输出。因此,神经元的数学模型可以表示为

$$y_i = f[U_i] \qquad (5-5)$$

$$U_i = \sum_{j=1}^{m} X_i w_{ij} + \sum_{k=1}^{n} U_k v_{ik} - \theta_i \qquad (5-6)$$

公式5-6实现的是加权加法工具的作用,用来实现一个神经元接收来自四面八方信号的空间总和。

2.神经网络的激发函数

激发函数有多种形式,其中最常见的有阶跃函数、线性函数、sigmoid函数和双曲正切曲线等,表达式如表5-2所示。

表5-2 神经网络常见激发函数

激发函数名称	表达式
阶跃函数	$f(U_i) = \begin{cases} 1 & (U_i \geqslant 0) \\ 0 & (U_i < 0) \end{cases}$
线性函数	$f(U_i) = kU_i$

续　表

激发函数名称	表达式
sigmoid 函数	$f(U_i) = \dfrac{1}{1 + e^{-U_i}}$
双曲正切曲线	$f(U_i) = \dfrac{e^{U_i} - e^{-U_i}}{e^{U_i} + e^{-U_i}}$

3.多层感知器

（1）多层感知器拓扑结构。

多层感知器由输入层、隐藏层和输出层组成,其中输入层节点数为输入信号的维数,隐藏层可以是一层或者多层,输出层神经元的个数为输出信号的维数。多层感知器拓扑结构如图5-5所示。

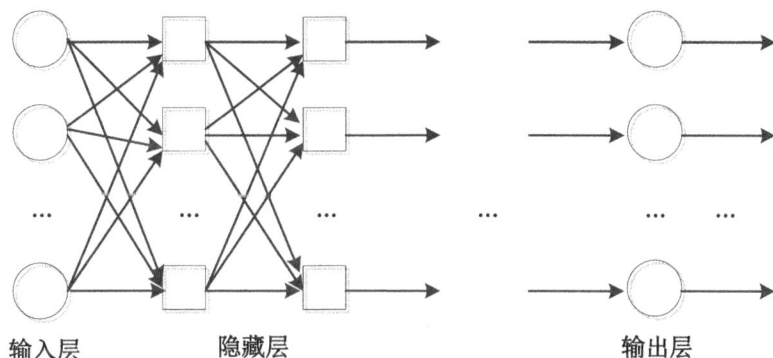

输入层　　　　隐藏层　　　　　　　　　　输出层

图5-5　多层感知器拓扑结构

多层感知器的特点有:

①多层感知器含有一层或多层隐藏层,隐藏神经元从输入信号中提取更多有用的信息,使得网络可以完成更复杂的任务。

②多层感知器中每个神经元所使用的激发函数是可微的 sigmoid 函数,其中,U_i 是神经元全部输入的加权,$f(U_i)$ 则是神经元的输出。

③多层感知器具有高度的连通性,这是由突触决定的。网络连接的改变需要突触连接数量及其权值的改变。

（2）多层感知器学习算法。

多层感知器具有独特的学习算法，该学习算法就是著名的误差反向传播（Error Back Propagation，BP）算法。BP算法的基本思想是：学习过程由信号的正向传播与误差的反向传播两个过程组成。正向传播时，输入样本从输入层传入，经各隐藏层逐层处理后，传向输出层。若输出层的实际输出与期望的输出不符，则转入误差的反传阶段。误差反传是将输出误差以某种形式通过隐藏层向输入层逐层反传，并将误差分摊给各层的所有单元，从而获得各层单元的误差信号，此误差信号作为修正各单元权值的依据。这种信号正向传播与误差反传的各层权值调整过程，是周而复始地进行的。权值不断调整的过程，也就是网络的学习训练过程。此过程一直进行到网络输出的误差减少到可接受的程度，或进行到预先设定的学习次数为止。

5.2 关联规则

关联规则的目标是发现大量数据背后事物之间可能存在的关联或者联系，它是数据挖掘中一个很重要的研究课题。对图书馆管理者来说，通过关联规则算法能够发现读者的行为模式及各资源间的联系，为图书馆图书摆放、个性化资源推荐及资源采购等提供决策参考。

5.2.1 关联规则算法的定义

假设 $I=\{i_1,i_2,\cdots,i_m\}$ 是项的集合，设任务相关的数据 $D=\{t_1,t_2,\cdots,t_m\}$ 是数据库事务的集合，其中每个事务 T（Transaction）是 I 的非空子集，即 $T \in I$，每一个事务有一个标识符，称作 TID（Transaction ID）。关联规则形如 $X \Rightarrow Y$ 的蕴涵式，其中 X、$Y \in I$ 且 $X \cap Y = \varnothing$，X 和 Y 分别称为关联规则的先导（antecedent 或 Left-Hand-Side，LHS）和后继（consequent 或

Right-Hand-Side，RHS）。关联规则 $X \Rightarrow Y$ 在 D 中的支持度 s（support）是 D 中事务包含 $X \cup Y$ 的百分比，即概率 $P(X \cup Y)$；置信度 c（confidence）是包含 X 的事务中同时包含 Y 的百分比，即条件概率 $P(Y|X)$。

$$\text{support}(X \Rightarrow Y) = P(X \cup Y) \tag{5-7}$$

$$\text{confidence}(X \Rightarrow Y) = P(Y|X) = P(X \cup Y)/P(X) \tag{5-8}$$

同时满足最小支持度阈值（min_sup）和最小置信度阈值（min_conf）的规则称作强规则，这两个阈值由用户或者专家设定。

5.2.2　关联规则示例

如表5-3所示，某图书流通事务数据是某图书馆流通过程中读者借阅记录的数据库 D，包含6个借阅事务，即 $|D|=6$。项集 $I=\{$六国技术教育史，国际环境教育的理论与实践，科学革命的结构，技术与技术哲学$\}$。

表5-3　某图书流通事务数据

图书书目	TID					
	1	2	3	4	5	6
六国技术教育史	1	1	1	1	0	1
国际环境教育的理论与实践	1	1	0	0	1	1
科学革命的结构	1	0	0	1	1	0
技术与技术哲学	0	0	0	0	1	0

考虑关联规则：六国技术教育史 $\Rightarrow$ 国际环境教育的理论与实践。

从表5-3某图书流通事务数据中可以看出：事务1，2，3，4，6包含"六国技术教育史"，即计数为5；事务1，2，6同时包含"六国技术教育史"和"国际环境教育的理论与实践"，即计数为3。

支持度 support（六国技术教育史 $\Rightarrow$ 国际环境教育的理论与实践）＝ P（六国技术教育史 $\cup$ 国际环境教育的理论与实践）＝3/6＝50%。

置信度 confidence（六国技术教育史 $\Rightarrow$ 国际环境教育的理论与实践）

＝P（六国技术教育史∪国际环境教育的理论与实践）/ P（六国技术教育史）=3/5＝60%。

若给定最小支持度（min_sup）为50%，最小置信度（min_conf）为60%，则认为借阅"六国技术教育史"和借阅"国际环境教育的理论与实践"之间存在关联。

项的集合称为项集。一个项集中项目的个数为该项集的基数，一个基数为 k 的项集称为 k-项集。集合{科学革命的结构,技术与技术哲学}是一个 2-项集。项集的出现频率是包含项集的事务数，简称为项集的频率、支持度计数或计数。

如果项集的支持度满足预定义的最小支持度阈值，则该项集称为频繁项集。另外，用来获取频繁项集的项集为候选项集。

大型数据库中的关联规则挖掘包含两个过程：

（1）找出所有频繁项集。大部分的计算都集中在这一步。

（2）由频繁项集产生强关联规则。根据关联规则的定义，同时满足最小支持度和最小置信度的关联规则称为强关联规则。

5.2.3　关联规则的分类

按照不同标准，关联规则可以如下分类。

（1）基于规则中处理的变量的类型，关联规则可以分为布尔型和数值型。布尔型关联规则处理的变量是离散的、种类化的，它显示了这些变量之间的关系；而数值型关联规则可以和多维关联或多层关联规则结合起来，对数值型字段进行处理，将其进行动态的分割，或者直接对原始数据进行处理，也可以包含种类变量。

（2）基于规则中数据的抽象层次，可以分为单层关联规则和多层关联规则。在单层关联规则中，所有的变量都没有考虑到现实的数据是具有多个不同层次的；而在多层关联规则中，对数据的多层性已经进行了充分的考虑。

（3）基于规则中涉及的数据的维数，关联规则可以分为单维的和多维的。在单维关联规则中，只涉及数据的一个维，如读者借阅的图书；而在多维关联规则中，要处理的数据将会涉及多个维。换句话说，单维关联规则是处理单个属性中的一些关系，多维关联规则是处理各个属性之间的某些关系。

在以上多种关联规则分类中，一维单层布尔型关联规则是最基础的。

5.2.4　Apriori 算法

Apriori 算法是由 Rakesh Agrawal 和 Ramakrishnan Srikant 于 1994 年提出的布尔关联规则的频繁项集挖掘算法。Apriori 根据前面找到的频繁项来推导出后面的频繁项，即先验知识（prior knowledge）。它利用逐层搜索迭代的方法（即项集）找出 $(k+1)$ 项集。首先，通过扫描数据库，累积每个项的计数，并搜集满足最小支持度的项，找出频繁 1-项集的集合，该集合记作 L_1。其次，L_1 用于找出频繁 2-项集的集合 L_2，L_2 用于找出 L_3，以此类推，直到不能再找出频繁 k-项集。值得注意的是，每找一次 L_k 需要一次数据库全扫描。

1.Apriori 性质

为了缩短频繁项集的生成时间，Apriori 算法清除了一些完全不可能是频繁项集的集合。

性质 1：如果一个集合是频繁项集，则它的所有子集也是频繁项集。例如，假设一个集合 $\{A,B\}$ 是频繁项集，即 A、B 同时出现在一条记录的次数大于等于最小支持度（min_sup），则它的子集 $\{A\}$、$\{B\}$ 出现次数必定大于等于最小支持度（min_sup）。因此，无需再次检查这些子集的支持度。

性质2：如果一个集合不是频繁项集，则它的所有超集都不是频繁项集，这是Apriori算法的反单调性质。例如，假设集合{A}不是频繁项集，即A出现的次数小于最小支持度（min_sup），则它的任何超集如{A，B}出现的次数必定小于最小支持度（min_sup），因此其超集必定也不是频繁项集。

Apriori算法利用这两个性质，可以消除很多的候选项集，从而达到快速挖掘频繁项集的目的。

2.Apriori算法步骤

Apriori算法由连接与剪枝两个步骤组成。

（1）连接。为找出L_k（所有的频繁k项集的集合），通过将L_{k-1}（所有的频繁$k-1$项集的集合）与自身连接产生候选k-项集的集合，该候选k-项集记作C_k。

设l_1和l_2是L_{k-1}中的成员，记$l_i[j]$表示l_i中的第j项。假设Apriori算法对事务或项集中的项按字典次序排序。L_{k-1}中的两个元素l_1和l_2可以执行连接操作$l_1 \bowtie l_2$的条件是：$(l_1[1]=l_2[1]) \wedge (l_1[2]=l_2[2]) \wedge \cdots \wedge (l_1[k-2]=l_2[k-2]) \wedge (l_1[k-1]<l_2[k-1])$，连接$l_1$和$l_2$产生的结果是$\{l_1[1], l_1[2], \cdots, l_1[k-1], l_2[k-1]\}$，其中条件$(l_1[k-1]<l_2[k-1])$是为了保证不产生重复。

（2）剪枝。C_k是L_k的超集，也就是说，C_k的成员可能不是频繁的。通过扫描数据库，确定C_k中每个候选的计数，判断是否小于最小支持度计数，如果不是，则认为该候选是频繁的。为了减少计算量，可以使用Apriori算法的性质进行，即如果一个k-项集的$(k-1)$-子集不在L_{k-1}中，则该候选不可能是频繁的，从而可以将其从C_k中删除。

3.Apriori算法示例

表5-4是读者借阅图书的事务数据集，有4个事务，即|D|=4。每一

行由某一读者的 ID、读者借阅图书书目组成,设最小支持度为 50%,最小置信度为 70%,根据 Apriori 算法求关联规则。

表5-4　读者借阅图书的事务数据集

ID	读者借阅图书书目
01	中国古代小说叙事研究,敦煌小说及其叙事艺术,元杂剧研究
02	中国小说史略,敦煌小说及其叙事艺术,元明散曲小史
03	中国古代小说叙事研究,中国小说史略,敦煌小说及其叙事艺术,元明散曲小史
04	中国小说史略,元明散曲小史

由 Aprior 算法,根据表 5-4 读者借阅图书的事务数据集,可以得出如表 5-5 所示的候选 1-项集 C_1。

表5-5　候选 1-项集 C_1

书目	计数
{中国古代小说叙事研究}	2
{中国小说史略}	3
{敦煌小说及其叙事艺术}	3
{元杂剧研究}	1
{元明散曲小史}	3

由表 5-5 可以看出,如果满足最小支持度 50% 这个条件,即最小支持计数为 2,而{元杂剧研究}的计数小于 2,去掉后得到表 5-6 所示的频繁 1-项集 L_1。

表5-6　频繁 1-项集 L_1

书目	计数
{中国古代小说叙事研究}	2
{中国小说史略}	3
{敦煌小说及其叙事艺术}	3
{元明散曲小史}	3

由表 5-6 所示的频繁 1-项集 L_1,可构成如表 5-7 所示的候选 2-项集 C_2。

表 5-7　候选 2-项集 C_2

书　目	计　数
{中国古代小说叙事研究,中国小说史略}	1
{中国古代小说叙事研究,敦煌小说及其叙事艺术}	2
{中国古代小说叙事研究,元明散曲小史}	1
{中国小说史略,敦煌小说及其叙事艺术}	2
{中国小说史略,元明散曲小史}	3
{敦煌小说及其叙事艺术,元明散曲小史}	2

由表 5-7 可以看出,如果满足最小支持度 50% 这个条件,即最小支持计数至少为 2,而 {中国古代小说叙事研究,中国小说史略},{中国古代小说叙事研究,元明散曲小史} 的计数小于 2,去掉后得到表 5-8 所示的频繁 2-项集 L_2。

表 5-8　频繁 2-项集 L_2

书　目	计　数
{中国古代小说叙事研究,敦煌小说及其叙事艺术}	2
{中国小说史略,敦煌小说及其叙事艺术}	2
{中国小说史略,元明散曲小史}	3
{敦煌小说及其叙事艺术,元明散曲小史}	2

根据表 5-8,使用 Apriori 性质由频繁 2-项集 L_2 产生候选 3-项集 C_3。

(1)连接。

$C_3 = L_2 \bowtie L_2 = $\{\{中国古代小说叙事研究,敦煌小说及其叙事艺术\},\{中国小说史略,敦煌小说及其叙事艺术\},\{中国小说史略,元明散曲小史\},\{敦煌小说及其叙事艺术,元明散曲小史\}\} $\bowtie$ \{\{中国古代小说叙事研

究,敦煌小说及其叙事艺术},{中国小说史略,敦煌小说及其叙事艺术},
{中国小说史略,元明散曲小史},{敦煌小说及其叙事艺术,元明散曲小
史}} = {{中国古代小说叙事研究,中国小说史略,敦煌小说及其叙事艺
术},{中国古代小说叙事研究,敦煌小说及其叙事艺术,元明散曲小史},
{中国小说史略,敦煌小说及其叙事艺术,元明散曲小史}}

（2）剪枝。

频繁项集的所有子集必须是频繁的,对候选 3-项集 C_3,可以删除其
子集为非频繁的选项。

①{中国古代小说叙事研究,中国小说史略,敦煌小说及其叙事艺
术}的 2 项子集为

{中国古代小说叙事研究,中国小说史略}

{中国古代小说叙事研究,敦煌小说及其叙事艺术}

{中国小说史略,敦煌小说及其叙事艺术}

其中,{中国古代小说叙事研究,中国小说史略}不是 L_2 的元素,所以
删除这个选项。

②{中国古代小说叙事研究,敦煌小说及其叙事艺术,元明散曲小
史}的 2 项子集为

{中国古代小说叙事研究,敦煌小说及其叙事艺术}

{中国古代小说叙事研究,元明散曲小史}

{敦煌小说及其叙事艺术,元明散曲小史}

其中,{中国古代小说叙事研究,元明散曲小史}不是 L_2 的元素,所以
删除这个选项。

③{中国小说史略,敦煌小说及其叙事艺术,元明散曲小史}的 2 项子
集是：

{中国小说史略,敦煌小说及其叙事艺术}

{中国小说史略,元明散曲小史}

{敦煌小说及其叙事艺术,元明散曲小史}

它的所有 2-项子集都是 L_2 的元素,因此保留这个选项。

剪枝后得到 C_3={中国小说史略,敦煌小说及其叙事艺术,元明散曲小史},如表 5-9 所示。

表 5-9　候选 3-项集 C_3

书　目	计　数
{中国小说史略,敦煌小说及其叙事艺术,元明散曲小史}	2

由表 5-9 可以看出,{中国小说史略,敦煌小说及其叙事艺术,元明散曲小史}满足最小计数为 2 的要求,因此得到如表 5-10 所示的频繁 3-项集 L_3。

表 5-10　频繁 3-项集 L_3

书　目	计　数
{中国小说史略,敦煌小说及其叙事艺术,元明散曲小史}	2

至此,从满足最小支持度 50% 的要求来看,可以从频繁 2-项集 L_2 得出规则,并进一步计算其置信度,如表 5-11 所示。

表 5-11　频繁 2-项集 L_2 关联规则置信度

关联规则	置信度
中国古代小说叙事研究 ⇒ 敦煌小说及其叙事艺术	2/2=100%
敦煌小说及其叙事艺术 ⇒ 中国古代小说叙事研究	2/3≈66.7%
中国小说史略 ⇒ 敦煌小说及其叙事艺术	2/3≈66.7%
敦煌小说及其叙事艺术 ⇒ 中国小说史略	2/3≈66.7%
中国小说史略 ⇒ 元明散曲小史	3/3=100%
元明散曲小史 ⇒ 中国小说史略	3/3=100%
敦煌小说及其叙事艺术 ⇒ 元明散曲小史	2/3≈66.7%
元明散曲小史 ⇒ 敦煌小说及其叙事艺术	2/3≈66.7%

与此同时,可以从频繁 3-项集 L_3 得出规则,并进一步计算其置信度,如表 5-12 所示。

表 5-12 频繁 3-项集 L_3 关联规则置信度

关联规则	置信度
中国小说史略 ⇒ 敦煌小说及其叙事艺术 ∧ 元明散曲小史	2/3≈66.7%
敦煌小说及其叙事艺术 ⇒ 中国小说史略 ∧ 元明散曲小史	2/3≈66.7%
元明散曲小史 ⇒ 中国小说史略 ∧ 敦煌小说及其叙事艺术	2/3≈66.7%
敦煌小说及其叙事艺术 ∧ 元明散曲小史 ⇒ 中国小说史略	2/2=100%
中国小说史略 ∧ 元明散曲小史 ⇒ 敦煌小说及其叙事艺术	2/3≈66.7%
中国小说史略 ∧ 敦煌小说及其叙事艺术 ⇒ 元明散曲小史	2/2=100%

根据最小置信度阈值为 70% 的要求,从表 5-11 与表 5-12 中可以看出,只有如下 5 个规则输出产生的是强规则:

中国古代小说叙事研究 ⇒ 敦煌小说及其叙事艺术

中国小说史略 ⇒ 元明散曲小史

元明散曲小史 ⇒ 中国小说史略

敦煌小说及其叙事艺术 ∧ 元明散曲小史 ⇒ 中国小说史略

中国小说史略 ∧ 敦煌小说及其叙事艺术 ⇒ 元明散曲小史

5.3 聚类

聚类是将数据分为不同的类或者簇的一个过程,其目标是:同一个簇中的对象有很大的相似性,而不同簇间的对象有很大的差异性,簇间差别越大,聚类就越好。聚类与分类的区别是:分类有监督学习,用已知类别的样本训练集来设计分类,而聚类无监督学习,事先不知样本的类别,而是通过对样本的掌握来构造分类。对图书馆来说,采用数据挖掘中的聚类技术对读者进行分类,能够发现读者数据分组的隐含变量,以便实现个性化服务。

聚类分析(Cluster analysis,又译为群集分析),按照一定的要求和规律对事物进行区分和分类。聚类属于无监督分类的范畴,所有样本没有事先预定的类别,类别在聚类过程中自动生成。将本身没有类别的样本聚集成不同的组,这样的一组数据对象的集合叫做簇。聚类的目的是使属于同一个簇的样本彼此相似,而属于不同类的样本差别明显。簇中两点之间的距离要小于簇中的一点与簇外任意一点之间的距离。

基于内存的聚类算法的选择有如下两种具有代表性的数据结构:数据矩阵、相异度矩阵。

数据矩阵:用 p 个变量(属性)来表示 n 个对象(事务项),其数据结构实际上就是事务数据库。例如用性别、专业、年级等属性来表现对象"读者",将其看成 $n \times p$(n 个对象,p 个属性项)的矩阵,即

$$\begin{bmatrix} x_{11} & \cdots & x_{1f} & \cdots & x_{1p} \\ \vdots & \vdots & \vdots & \vdots & \vdots \\ x_{i1} & \cdots & x_{if} & \cdots & x_{ip} \\ \vdots & \vdots & \vdots & \vdots & \vdots \\ x_{n1} & \cdots & x_{nf} & \cdots & x_{np} \end{bmatrix} \tag{5-9}$$

相异度矩阵:针对公式 5-9 的数据矩阵,存储 n 个对象两两之间的近似性用距离表示,其表现形式是一个 $n \times n$ 维的矩阵,即

$$\begin{bmatrix} 0 \\ d(2,1) & 0 \\ d(3,1) & d(3,2) & 0 \\ \vdots & \vdots & \vdots \\ d(n,1) & d(n,2) & \cdots & \cdots & 0 \end{bmatrix} \tag{5-10}$$

其中 $d(i, j)$ 是对象 i 和 j 之间相异性的量化表示,通常它是一个非负的数值,当对象 i 和 j 越相似或彼此"接近",其值越接近 0;两个对象越不相似,其值相差越大。因为 $d(i, j) = d(j, i)$,且 $d(i, i) = 0$,所以就有公式 5-10 所示的三角矩阵。

5.3.1　聚类分析中的数据类型

由于聚类分析中处理的对象复杂多样,因此数据类型也具有多样性。聚类分析中的数据通常可以分为区间标度变量、二元变量、标称型变量、序数型变量及比例标度型变量等。

1.区间标度变量

区间标度变量是一个粗略线性标度的连续度量,选用的度量单位将直接影响聚类分析的结果。为了避免度量对聚类效果的影响,我们需要对数据进行标准化。

对于一个给定的有 n 个对象的 m 个属性的数据集,主要有两种标准化方法。

（1）平均绝对误差 S_f。

$$S_f = \frac{1}{n}\sum_{i=1}^{n}|x_{if} - m_f| \tag{5-11}$$

其中, x_{if} 是第 i 个数据对象在属性 f 上的取值, m_f 是属性 f 的平均值,即

$$m_f = \frac{1}{n}\sum_{i=1}^{n}x_{if} \tag{5-12}$$

②标准化的度量值（$Z\text{-core}$）。

$$Z_{if} = \frac{x_{if} - m_f}{S_f} \tag{5-13}$$

与其他偏差的度量方法相比,采用平均绝对偏差的优点是孤立点的 $Z\text{-core}$ 不会太小,孤立点容易被发现。

数据标准化处理以后就可以进行属性值的相似性测量,通常的测量方法是计算对象间的距离。对于 n 维向量 x_i 和 x_j,有以下两种距离函数。

①欧几里得距离。

$$d\left(x_i, \ x_j\right) = \sqrt{\sum\nolimits_{k=1}^{n} \mid x_{ik} - x_{jk}\mid^2} \qquad (5-14)$$

②曼哈坦距离。

$$d\left(x_i, \ x_j\right) = \sum\nolimits_{k=1}^{n} \mid x_{ik} - x_{jk}\mid \qquad (5-15)$$

欧几里得距离和曼哈坦距离应满足以下条件：

a.$d\left(x_i, \ x_j\right) \geq 0$：距离是一个非负的数值；

b.$d\left(x_i, \ x_i\right) = 0$：对象与自身的距离是0；

c.$d\left(x_i, \ x_j\right) = d\left(x_j, \ x_i\right)$：距离函数具有对称性；

d.$d\left(x_i, \ x_j\right) \leq d\left(x_i, \ x_k\right) + d\left(x_k, \ x_j\right)$：从对象$i$到对象$j$的直接距离不会大于途经任何其他对象$k$的距离（三角不等式）。

③明考斯基距离。

$$d_m\left(x_i, \ x_j\right) = \left[\sum\nolimits_{k=1}^{n}\left(x_{ik} - x_{jk}\right)^m\right]^{1/m} \qquad (5-16)$$

当$m=2$时,明考斯基距离即为欧几里得距离；当$m=1$时,明考斯基距离即为曼哈坦距离。

2.二元变量

二元变量只有两个状态:0和1,0表示该变量为空,1表示该变量存在。二元变量又分为对称的二元变量和不对称的二元变量。对称的二元变量的两个状态是同等价值的,并有相同的权重,取值0和1没有优先权；不对称的二元变量的两个状态不是同等价值的。例如,给出描述读者的两个变量:性别、是否借阅图书,其中性别是对称的二元变量,是否借阅图书是不对称二元变量。因为性别变量的两个值"男"和"女"是同等价值的,没有优先权。而是否借阅图书变量的两个值"是"和"否"价值不同,这里我们将相对重要的状态"否"编码为1,另一种状态"是"编码为0。如表5-13所示为二元变量的可能性表,其中q是对象i和对象j的值都为1的变量的数量,r是对象i值为1而对象j为0的变量的数量, s 是对象 i 值为 0 而对象 j 为 1 的变量的数量, t 是对象 i 和对象 j 的值都为 0 的变量的数量。

表 5-13　二元变量的可能性表

		对象 j		求和
		1	**0**	
对象 i	**1**	q	r	$q + r$
	0	s	t	$s + t$
求和		$q + s$	$r + t$	p

对于对称的二元变量,采用简单匹配系数评价两个对象之间的相异度,其公式为

$$d\left(x_i, \ x_j\right) = \frac{r + s}{q + r + s + t} \tag{5-17}$$

对于不对称的二元变量,采用 Jaccard 系数评价两个对象之间的相异度,在它的计算中,编码为 0 的数量 t 被认为可以忽略,其公式为

$$d\left(x_i, \ x_j\right) = \frac{r + s}{q + r + s} \tag{5-18}$$

3. 标称变量

标称变量是二元变量的推广,它可以具有多于两个的状态值。比如"读者类型"变量可以有:本科生、研究生、教师及校外读者等四种。计算相异度有两种方法,分别是简单匹配法和使用二元变量。

(1)简单匹配法。

$$d\left(x_i, \ x_j\right) = \frac{p - m}{p} \tag{5-19}$$

公式 5-19 中 m 是匹配的数量,即对 i 和 j 取值相同的变量数,而 p 是全部的变量数。

（2）使用二元变量。

为每个状态创建一个新的二元变量,可以用非对称二元变量对标称变量进行编码,如表5-14所示。对于这种形式的编码,可以采用二元变量的方法来计算相异度。

表5-14　非对称二元变量对标称变量进行编码

本科生	研究生	教师	校外读者	取值
1	0	0	0	本科生
0	1	0	0	研究生
0	0	1	0	教师
0	0	0	1	校外读者

4.序数型变量

序数型变量可以是离散的或者是连续的,离散的序数型变量类似于标称变量,同时变量值之间是有顺序关系的,比如"年级"变量有大一、大二、大三、大四。连续的序数型变量类似于区间标度变量,但没有单位,将其值域划分为多个有限区间,从而将值离散化。值的相对顺序是必要的,但值实际的大小则不重要。

序数型变量相异度的计算与区间标度变量类似。设f是用于描述n个对象的一组序数型变量之一,关于f的相异度计算包括:

①第i个对象的f值为x_{if},变量f有M_f个有序的状态,对应于序列1,$\cdots$,M_f。用对应的秩r_{if}代替x_{if},即$r_{if} \in \{1, \cdots, M_f\}$。

②每个序数型变量可以有不同数目的状态,一般将每个变量的值域映射到[0.0,1.0]上,以便每个变量都有相同的权重,具体映射过程用Z_{if}代替r_{if}来实现,计算公式为

$$Z_{if} = \frac{r_{if} - 1}{M_f - 1} \tag{5-20}$$

③相异度计算可以采用距离度量的方法,将 Z_{if} 作为第 i 个对象的 f 值。

5.比例标度型变量

比例标度变量是总取正值的度量值,它是一个非线性的标度,例如指数标度,遵循公式

$$Ae^{Bt} \quad 或 \quad Ae^{-Bt} \tag{5-21}$$

式中 A 和 B 是正的常数。

计算比例标度型变量的相异度通常有以下三种方法。

(1)对数变换,如对象 i 的 f 变量的值 x_{if} 变换为 $y_{if=\log x_{if}}$,然后对变换所得值 y_{if} 采用与区间标度变量相同的方法。

(2)将 x_{if} 看作连续的序数型数据,将其秩作为区间标度变量的值,再用区间标度变量相同的方法。

(3)与区间标度变量相同的方法。

5.3.2 K-Means 算法

K-Means 算法,也被称为 K-均值算法,是一种使用最广泛的聚类算法。K-Means 算法先接受输入量 k,再将 n 个数据对象划分成 k 个簇,使所获得的簇满足:同一簇内的对象相似度较高,而不同簇之间的对象相似度较小。簇的相似度是利用各簇中对象的均值所获得的一个"中心对象"来进行计算的。K-Means 算法的步骤如下。

随机选择 k 个对象,选择一个对象代表一个簇的初始均值或中心。剩余的对象,根据其与各簇中心的距离,将它指派到最近的簇,再计算每个簇的新均值,得到更新后的簇中心。不断重复计算,直到准则函数

117

收敛。

通常使用误差平方和（Sum of Squared Error，SSE）作为度量聚类质量的准则函数。SSE表达式定义为

$$SSE = \sum_{i=1}^{k}\sum_{x \in C_i}|x - m_i|^2 \qquad (5-22)$$

公式5-22中x是空间中的点，表示给定的数据对象；m_i是簇C_i中所有点的平均值。这个准则函数可以保证生成的结果簇尽可能紧凑和独立。

K-Means算法简单、直观、易于实现，在处理大规模数据时有较好的可扩展性，当聚类是密集的，且类与类之间区别较为明显时，其效果最好。然而，K-Means算法也有一定的局限性，比如对初始簇中心的选择要求较高，容易收敛为局部最优解，对非球状分布的簇效果较差。

5.3.3　两步聚类算法

两步聚类算法是Chiu等人在BIRCH（Balanced Iterative Reducing and Clustering using Hierarchies）算法基础上提出的一种改进算法。通过BIRCH算法和SL（Single Linkage）层次聚类相结合，将使用聚类特征（Clustering Feature，CF）树的BIRCH算法作为第一步的预聚类，再把SL层次聚类作为第二步的聚类，在此基础上将聚类特征CF树中数据量低于一定比例的叶节点作为离群点处理，用贝叶斯信息准则确定SL层次聚类个数，用对数似然距离代替欧式距离来描述相似度或亲疏度。

两步聚类算法经过两个步骤实现数据的聚类。

（1）预聚类。采用"贯序"方式对样本进行划分，形成若干子类。将所有数据分成一个大类，将每个读入的样本数据进行"亲疏程度"测算，再判断样本数据是否符合新簇的距离，聚类数目不断增加，重复进行此步骤，最后形成个类。

（2）聚类。在预聚类的基础上，根据"亲疏程度"对各个子类形成类，可见该步骤是聚类数目不断减少的过程。随着聚类的进行，类内部的差异不断变大。

第6章 读者画像

用户画像是通过整合和挖掘用户的客观行为数据,从多个维度展现用户的行为特征和兴趣偏好,并将其转化为可视化的结果。本章以安徽师范大学图书馆的读者为研究对象,构建一个高校图书馆阅读推广用户画像数据仓库,并建立一个多维度的标签体系。通过对读者的行为数据进行分析和整合,得到不同读者群体和个体的画像,为后续高校图书馆制定阅读推广服务策略提供参考。

6.1 读者画像框架

以安徽师范大学图书馆的读者为研究对象,从图书馆的门禁系统、图书管理系统和空间管理系统中提取读者的基本属性信息、入馆信息、借阅信息和预约座位信息等数据,并对数据进行转换和加载,从而构建数据仓库。在此基础上,分别建立以读者入馆、借阅和学习为主题的多维联机 OLAP 分析模型,并且通过数据统计分析和数据挖掘的方法,开发出事实类、统计类、规则类及挖掘类等类型的读者标签,以不同维度展现读者在图书馆中的行为特征和活跃度。此外,通过可视化、交互方式呈现群体画像与个体画像,帮助图书馆识别服务的目标群体。

构建流程主要分为基础数据层、数据仓库层、标签分析层和画像展示层四个阶段,具体框架如图6-1所示。

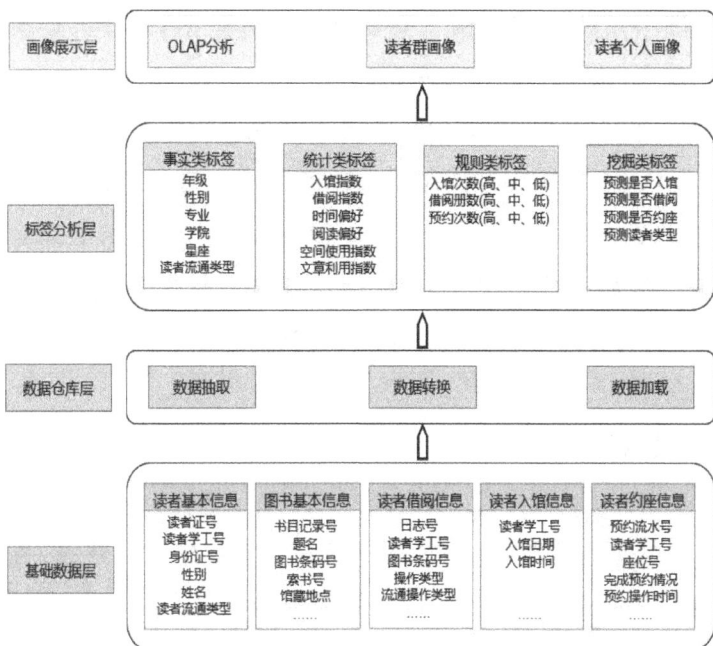

图6-1 高校图书馆读者画像框架

6.1.1 基础数据层

构建读者画像的基础是读者在图书馆内产生的一切行为活动数据。这些数据可以被视为进行数据分析与数据挖掘的源泉,因此需要从图书馆各业务系统中提取所需数据。基础数据层的主要作用是对用户的基本信息和行为信息等数据进行采集与储存,为进一步分析提供数据支持。

现如今,用户对图书馆的需求逐渐多样,图书馆的服务与功能也日益完善。这导致图书馆业务系统种类增多,同时也导致图书馆日常运营所产生的数据呈倍数增长。繁多的数据既对图书馆的存储空间提出了挑战,又体现出用户在图书馆丰富的行为活动,进而图书馆业务系统对用户的分析变得更加细致和立体。

高校图书馆的基础数据主要是日常业务数据,这些数据多存储于各业务系统中,大致可以分为两类。

(1)基本信息数据:主要包括读者基础信息和各类资源基础信息。

(2)动态信息数据:主要来自支持图书馆日常运营的各大系统,与图书馆的主要业务密切相关,也是大多数读者在图书馆访问时必需的系统数据。例如门禁系统、图书管理系统和空间管理系统中读者门禁刷卡信息、图书借还信息及座位预约、签到信息。

6.1.2 数据仓库层

在建设数据仓库层时,由于图书馆经历多年信息化建设,各个系统后台数据库之间存在差异,包括存储数据的标准、格式等。因此,需要进行数据的标准化统一,包括剔除不符合标准的部分数据,并对数据进行清洗,以确保最终得到的数据具有统一的格式。标准化的目的是确保后续的读者行为分析可以得到准确可信的结果。因此,通过标准化和清洗处理,数据具备了更好的分析条件,可以提供更准确的分析结果。

(1)处理缺失的字段值。

对于字段值缺失的数据,可以通过具备主键性质的字段关联其他系统中的数据将缺失值补齐。如果关联的数据也无法补齐缺失的值,并且缺失的数据量较小,对整体数据影响不大,就可以考虑直接删除缺失值所在的行或列。例如,在图书馆管理系统中,读者的"专业"字段不是必备字段,不影响读者出入图书馆、借还图书与预约座位等功能,若缺失可删除。若系统中"专业"字段数据存在缺失,但如果分析数据时需要这一信息,则可以通过读者的"学工号"字段与学校的教务系统进行关联,以补全基本的专业信息。

（2）清洗不规范的数据。

去除重复值：识别并移除数据集中的重复条目，以确保数据的唯一性。例如，在图书馆系统中，读者在自助借还机器上借阅图书时，由于系统缺陷或其他原因，可能产生重复记录。为了清洗这些重复记录，需要对各字段内容进行比较，以确定是否存在重复数据，确认后将其删除。

纠正错误格式：对于日期、时间、货币格式等类型的数据，需进行格式统一。例如，在图书管理系统中，操作时间可能以 Unix 时间戳记录，而门禁系统和空间管理系统则分别使用"12/31/2018"和"2018-12-31"两种日期格式存储数据，因此需要将它们转换为统一的格式。另外，图书的"价格"字段有些含有"CNY"字符，因此需要将这些字符统一清除，以确保"价格"字段数据类型的一致性。

（3）统一字段值格式。

对数据集中的字段进行格式规范化，以确保数据格式的一致性和便于后续分析，可以采取以下措施。

命名规范统一：字段命名时可能存在不同的写法和格式。例如，在"性别"字段中，可能存在"male"和"M"等不同的表示方法，可以将它们转换为"男"。

学院名称规范化：读者学院名称可能存在不一致，包含简称和全称等情况。可以通过统一的规则，将学院名称统一，例如统一使用全称或规范化的简称。

馆藏地点规范化：图书馆藏地点名称存在不同时期的变换或者不一致的情况。为了统一表示，需要及时更新并统一馆藏地点的名称。

图书分类法规范化：不同时期使用了中图法、科图法等不同的分类方法进行编目，因此图书分类法可能存在不一致。为了统一图书分类法，需要选择一种通用的分类法，并对已有分类进行图书分类值的转换和统一。

通过上述一系列对多源异构数据的抽取、清洗及转换等工作,我们能够对带有不完整、不规范和不统一的数据记录进行相应的处理。经过这些处理,我们得到了格式统一、内容规范和记录完整的数据集,从而为图书管理系统后续分析结果的准确性与完整性提供了保障。

6.1.3　标签分析层

经过数据仓库层清洗后的数据已经规范化,标签分析层的主要任务则是对搜集到的数据进行加工和挖掘。通过读者在图书馆的行为数据表现,可以提取每位读者的行为轨迹,并从中统计出读者行为特征和规律,形成多维度的用户特征体系。这些特征包括读者的基本信息等显性特征,以及通过分析加工和挖掘得到的隐性特征。

(1)建立标签体系。

要进行有目的和有条理的数据分析工作,则需要建立多层级的标签体系。标签体系可以作为读者行为分析和用户画像可视化的基础,避免陷入数据无法分析或分析内容混乱的困境。

(2)标签开发。

标签开发是构建用户画像的关键步骤,主要任务是为用户打标签。根据建立的标签体系,对规范化的数据进行统计分析和挖掘,最终形成表示读者行为记录的特征标签。不同类型的标签需要采取不同的开发方法。

事实类标签:通常从用户注册信息中提取。

统计类标签:可以通过结构化查询语言完成开发。

规则类标签:需要约定规则,并结合业务判断得出。

挖掘类标签:需要运用关联、分类、聚类、回归等数据挖掘算法对用户行为进行建模。

6.1.4　画像展示层

画像展示层主要任务是利用可视化方法将读者画像标签开发层的分析结果形象直观地展示出来,基于多层级的标签体系,在每一个维度上对读者的行为规律进行分类和总结,为读者设置符合他们自身特征的标签。展示的用户画像是基于读者真实行为数据的客观形象,以直观的方式、客观的内容,多维立体地反映读者在高校图书馆的行为规律和偏好特征。

（1）OLAP分析。

多维度分析:对读者行为规律和偏好特征进行多维度分析,有助于深入了解读者群体的行为规律和偏好特征,从而更好地满足读者的需求。

交叉分析:对不同标签、行为规律等因素进行交叉分析,揭示各因素之间的关联性和影响程度,帮助图书馆更好地了解读者的需求和行为特点。

趋势分析:分析读者行为和偏好的变化趋势,为图书馆提供更加精准的服务和资源分配建议,使其能够及时调整阅读服务策略,从而满足读者不断变化的需求。

（2）读者个体画像展示。

通过查询,可以了解读者个人在图书馆中的行为信息,包括个人的基本信息和从行为规律中提取的特征标签,以直观的方式向读者展示其在图书馆中的行为规律和偏好特征。

（3）读者群画像展示。

通过聚类算法对读者进行分组,形成读者群体画像。这些群体画像可以反映出读者群体的共同偏好和需求,为图书馆提供参考,有助于图书馆更好地围绕读者群体需求开展阅读服务。

6.2　工具选择

选择 T-SQL 进行底层数据的处理。T-SQL 提供强大的数据处理和查询能力,借助 T-SQL,可以使用各种内置函数、操作符和语句对数据进行处理、转换、聚合、筛选和连接等操作。

选择 SQL Server Analysis Services 来构建数据仓库,并创建基于多维数据结构的 OLAP 分析模型。SQL Server Analysis Services 提供强大的数据分析和挖掘功能,它可以构建可靠且高效的多维数据模型和 OLAP 分析模型。

选择 SPSS Modeler 进行数据挖掘模型的构建。SPSS Modeler 是一款功能强大的数据挖掘和预测分析工具,它提供了丰富的数据处理、可视化和建模技术。SPSS Modeler 能够高效地挖掘数据,发现其中的模式,并构建聚类模型等。

选择 Tableau 进行数据可视化和分析。Tableau 是一款流行的商业智能工具,它提供直观的数据可视化功能。Tableau 可以将数据转化为交互式图表和仪表板,有助于更好地理解和传达数据的洞察。

综合利用 T-SQL、SSAS、SPSS Modeler 和 Tableau 等工具,我们可以进行全面的数据处理、分析和可视化,从而构建丰富的读者画像,深入了解读者行为,发现潜在的模式,并为图书馆阅读推广提供基于数据的决策支持。

6.3　数据抽取、转换及加载

本节基于安徽师范大学图书馆用户行为数据进行实证研究。我们从图书馆运行的相关业务系统中采集读者基本信息及相关行为信息作为基础数据,主要包括 2019 年 9 月—2020 年 6 月图书馆门禁系统、图书馆管理系统和座位预约系统所记录的数据。相关数据表格有：读者基本信息表、图书基本信息表、读者借阅信息表、读者入馆信息表及读者预约座位信息表，各类相关数据字段及数据库类型，如表6-1所示。

表6-1 读者画像基础信息

数据表	数据字段	数据库类型
读者基本信息	读者证号,读者学工号,身份证号,姓名,性别,读者流通类型,专业,学院,入学年	Oracle
图书基本信息	书目记录号,图书条码号,题名,索书号,馆藏地点,出版者,责任者,入档日期	Oracle
读者借阅信息	日志号,读者学工号,图书条码号,流通操作类型,操作日期,操作时间	Oracle
读者入馆信息	读者学工号,入馆日期,入馆时间	SQL server
读者约座信息	预约流水号,读者学工号,座位号,预约事务操作时间,座位开始使用时间,座位使用结束时间,预约实际签到时间,完成预约情况,预约终端类型,楼层位置名称,房间名称	SQL server

通过关联、转换、增量和调度等技术对基础信息进行了一系列抽取、转换与加载工作，最终将清洗整理后的数据统一加载至 Microsoft SQL Server 2017数据仓库中，为构建用户画像及后续的数据分析打下坚实的数据基础。

6.4 建立标签体系

构建用户标签体系与进行数据分析是相互依存、不可分割的。只有建立科学合理、层次分明、逻辑严谨的用户标签体系，才能为后续的数据分析工作提供指导和框架。这样的用户标签体系能够引导用户行为分析的方向，使分析结果更有条理，也能深入挖掘更多有价值的信息。同时，在数据分析的过程中，我们可以进一步完善用户标签体系，两者相互促进、协同工作，推动用户标签体系的全面性和准确性的提升。通过循环迭代，我们可以不断优化用户标签体系，使其更好地适应用户行为变化和需求变化。

用户标签是对用户进行描述和总结的一种方式,其本质是通过不同的维度和多个层级对用户进行分析。在本节中,我们建立了一个高校图书馆标签体系,该体系包括读者的基本属性、活跃度、偏好属性、所属群体类型和阅读内容偏好。该用户标签体系可以全面地描绘和了解图书馆的读者群体。具体的标签维度和层级,如表6-2所示。通过该读者标签体系,图书馆能够更好地了解读者的需求和行为,为读者提供精准化的阅读推广服务。

表6-2　读者画像标签体系

一级标签	二级标签	三级标签	标签类型
读者基本属性	性别	男/女	事实类标签
	年级	大一/大二/大三/大四 研一/研二/研三/博一/博二/博三	事实类标签
	读者流通类型	本科生/统招硕士/全日制博士	事实类标签
	专业	教育学、人文地理学……	事实类标签
	学院	历史学院、体育学院……	事实类标签
读者活跃度	入馆指数	访问图书馆天数	统计类标签
		访问图书馆次数	统计类标签
		最近一次访问图书馆距离观测日天数	统计类标签
	借阅指数	借阅图书次数	统计类标签
		借阅图书册数	统计类标签
		最近一次借阅图书距离观测日天数	统计类标签
	空间使用指数	预约座位天数	统计类标签
		预约座位次数	统计类标签
		最近一次预约座位距离观测日天数	统计类标签
	文章利用指数	近30天文章检索次数	统计类标签
		近30天文章浏览次数	统计类标签

续　表

一级标签	二级标签	三级标签	标签类型
读者活跃度	文章利用指数	近30天文章下载次数	统计类标签
	活跃度级别	高/中/低/极低	规则类标签
读者偏好属性	阅读偏好	借阅图书类别	统计类标签
	时间偏好	入馆时间	统计类标签
		借阅时间	统计类标签
		预约座位时间	统计类标签
所属群体类型	预测读者类型	是/否（入馆、借阅、约座） 读者群1 读者群2 读者群3 ……	挖掘类标签
阅读内容偏好	资源的内容	地方史/植物学/古典诗歌 ……	挖掘类标签

1.读者基本属性标签

读者基本属性以人口统计学的视角进行考量,主要用于反映读者的基本信息。它包括读者的性别、年级、读者流通类型、专业和学院等基础信息。这些信息可以视为事实类标签,通过这些标签我们可以直接获取到读者的一些基本特征。其中年级标签反映了读者所处的学习阶段;读者流通类型标签用于区分读者是学生、教师还是其他类型的用户;专业和学院标签描述了读者的专业背景和所属学院。这些基本属性信息通常是相对静态的,不太容易发生变化。例如,性别和学院通常是一成不变的,而年级标签则需要基于相关字段进行运算,以获取相应的信息。这些静态信息有助于图书馆管理系统对读者进行准确地描述和分类。

2.读者活跃度标签

活跃度标签主要体现在读者的入馆指数、借阅指数、空间使用指数、文章利用指数和活跃度级别等方面。通过分析读者访问图书馆情况、借阅图书信息和预约座位情况,可以得出相应的活跃度指数,并根据这些指数给予活跃度级别标签。

入馆指数标签基于读者的入馆信息表进行统计,包括读者访问图书馆的天数、访问次数和最近一次访问图书馆距离观测日的天数。这些指标反映了读者对图书馆的访问频率和稳定性。

借阅指数标签基于读者的借阅信息表进行统计,包括读者借阅图书的次数、册数和最近一次借阅图书距离观测日的天数。这些指标反映了读者对图书的借阅活跃程度和借阅规模。

空间使用指数标签基于读者的预约座位信息表进行统计,包括读者预约座位的天数、预约次数和最近一次预约座位距离观测日的天数。这些指标反映了读者对图书馆空间资源的使用频率和活跃程度。

通过对上述三个指数标签进行统计和分析,可以了解读者在图书馆活动中的参与程度和勤奋程度。根据活跃度指数,可以给予读者相应的活跃度级别标签,以便图书馆进行读者群聚类和开展个性化服务。

3.读者偏好属性标签

读者偏好属性标签旨在展现读者在图书馆中的行为偏好,主要从读者的阅读偏好和时间偏好两个方面进行分析。

从读者的借阅信息表可以挖掘他们的阅读兴趣偏好。通过分析读者借阅的图书类型,可以了解读者对哪些主题或领域感兴趣。这些信息可以帮助图书馆更好地了解读者的阅读偏好,进而针对性地增加相关书籍的采购和推荐,以满足读者的阅读需求。

此外,综合使用读者的入馆信息表、借阅信息表和座位预约信息表,可以从不同时间粒度(月、周和日)分析读者的入馆时间和借阅时间,以得出他们的行为时间规律。通过挖掘读者在一天、一周或一个月中访问图书馆和借阅图书的时间段,图书馆可以更好地规划和安排资源,例如设定特定时间段开展活动或提供更多的服务人员来满足读者的需求。

4.读者所属群体类型标签

通过数据挖掘中的分类算法,可以分析读者的历史数据并预测其是否入馆、借阅和预约座位等行为。这对图书馆来说非常重要,因为它可以帮助图书馆更好地了解读者行为,从而优化资源分配和服务策略。

另外,聚类算法可以将读者划分到不同类型的读者群体中,比如读者群1、读者群2、读者群3等,这样可以发现不同类型的读者,并为他们打上标签。每个群体都具有一些共同的特征和行为模式,这对于图书馆来说可以更好地了解读者的需求和偏好,从而设计个性化的、精准化的服务和推荐策略,为不同类型的读者提供更符合其需求的阅读和学习环境。这有助于提升读者满意度和图书馆的服务质量,促进读者积极阅读和学习。

6.5 非挖掘类标签开发

本节基于上述构建的读者画像标签体系,对事实类标签、统计类标签及规则类标签进行开发。重点关注高校图书馆读者的入馆、借阅和预约座位等数据,并深入分析读者的基本属性、活跃度和偏好属性,以揭示他们的行为模式和偏好特征。

6.5.1　事实类标签

读者信息事实类标签。从"读者基本信息"表中选择读者学工号、性别、读者流通类型、专业、学院、入学年，根据条件对入学年和读者流通类型进行了分类，以确定年级标签。以下是读者信息事实类标签开发语句。

select[读者学工号],[性别],[读者流通类型],[专业],[学院],[入学年],
（CASE
WHEN 入学年='2018' and 读者流通类型='本科生' THEN '大一'
WHEN 入学年='2017' and 读者流通类型='本科生' THEN '大二'
WHEN 入学年='2016' and 读者流通类型='本科生' THEN '大三'
WHEN 入学年='2015' and 读者流通类型='本科生' THEN '大四'
WHEN 入学年='2018' and 读者流通类型='统招硕士' THEN '研一'
WHEN 入学年='2017' and 读者流通类型='统招硕士' THEN '研二'
WHEN 入学年='2016' and 读者流通类型='统招硕士' THEN '研三'
WHEN 入学年='2018' and 读者流通类型='全日制博士' THEN '博一'
WHEN 入学年='2017' and 读者流通类型='全日制博士' THEN '博二'
WHEN 入学年='2016' and 读者流通类型='全日制博士' THEN '博三'
ELSE '其他' END）AS 年级,
into 读者信息事实类标签
from [dbo].[读者基本信息]
where [读者流通类型]='本科生' and [入学年] between '2015' and '2018'

or [读者流通类型]='统招硕士' and [入学年] between '2016' and '2018'

or [读者流通类型]='全日制博士' and [入学年] between '2016' and '2018'

以上SQL语句中:

使用CASE语句对入学年和读者流通类型进行条件判断,确定每位读者的年级。例如,对于本科生,根据入学年份将其分为大一、大二、大三和大四;对于硕士生和博士生,则根据其入学年份分为不同年级的研究生和博士生,并添加到结果集。

6.5.2 统计类标签

1.入馆指数标签

入馆指数可以提供每位读者的入馆天数和入馆次数。通过分析入馆指数,可以了解读者的阅读行为和使用图书馆资源的频率,从而更好地了解读者的阅读兴趣、喜好和需求。以下是入馆指数标签开发语句。

```
SELECT
    读者学工号,
    COUNT(DISTINCT [入馆日期]) AS 入馆天数,
    COUNT(*) AS 入馆次数,
    DATEDIFF(day, MAX(入馆日期), '2019-07-01') AS 最近一次访
问图书馆距离观测日期天数
INTO
    入馆指数标签
FROM
    [dbo].[读者入馆信息]
```

GROUP BY

　[读者学工号]

以上 SQL 语句中：

COUNT（DISTINCT [入馆日期]）AS 入馆天数：通过对入馆日期进行去重计数，得到每位读者的入馆天数。

COUNT（*）AS 入馆次数：计算每位读者总的入馆次数。

DATEDIFF（day, MAX（入馆日期）, ′2019-07-01′）AS 最近一次访问图书馆距离观测日期天数：计算最近一次入馆日期与观测日期（2019 年7 月 1 日）之间的天数差。

2.借阅指数标签

分析借阅指数，假设将读者在同一天的多次借阅合并计算为一次借阅。以下是借阅指数标签开发语句。

SELECT

　读者学工号,

　COUNT（DISTINCT [操作日期]）AS 借阅次数,

　COUNT（*）AS 借阅册数,

　DATEDIFF（day, MAX（操作日期）, ′2019-07-01′）AS 最近一次借阅距离观测日期天数

INTO

　借阅指数标签

FROM

　[dbo].[图书流通信息]

WHERE

　[流通操作类型]=′借出′

GROUP BY

[读者学工号]

以上 SQL 语句中:

COUNT(DISTINCT [操作日期]) AS 借阅次数:通过对操作日期进行去重计数,得到每位读者的借阅次数。

COUNT(*) AS 借阅册数:计算每位读者总借阅的册数。

DATEDIFF(day, MAX(操作日期), '2019-07-01') AS 最近一次借阅距离观测日期天数:计算最近一次借阅的日期与观测日期(2019 年 7 月 1 日)之间的天数差。

3.空间使用指数标签

读者来到图书馆,不仅是为了借阅图书,更重要的是为了专心学习。为了深入研究读者在图书馆学习的行为和需求,我们利用座位预约系统开发了读者空间使用指数标签。通过对空间使用指数标签的研究,可以帮助图书馆更好地了解读者的学习偏好和行为习惯,从而制定精准的阅读推广策略。例如,根据不同空间使用指数为读者提供针对性的推荐书目、举办相关主题的讲座或活动,以及优化图书馆的布局和资源配置,从而更好地满足读者的学习需求并提升阅读体验。因此,空间使用指数标签的研究成果可以为图书馆的精准阅读推广提供有力支持。以下是空间使用指数标签开发语句。

```
SELECT
    读者学工号,
    COUNT(DISTINCT CAST([预约实际签到时间] AS DATE)) AS 预约天数,
    COUNT(DISTINCT CAST([预约实际签到时间] AS TIME)) AS 预约次数,
    DATEDIFF(day, MAX(CAST([预约实际签到时间] AS DATE)), '2019-07-01') AS 最近一次预约距离观测日期天数
INTO
```

空间使用指数标签

FROM

　[dbo].[读者预约座位信息]

GROUP BY

　[读者学工号]

以上 SQL 语句中:

COUNT(DISTINCT CAST([预约实际签到时间] AS DATE))AS 预约天数:将预约实际签到时间转换为日期,并进行去重计数,得到读者的预约天数。

COUNT(DISTINCT CAST([预约实际签到时间] AS TIME))AS 预约次数:将预约实际签到时间转换为时间,并进行去重计数,得到读者的预约次数。

DATEDIFF(day, MAX(CAST([预约实际签到时间] AS DATE)),'2019-07-01')AS 最近一次预约距离观测日期天数:计算最近一次预约的日期与观测日期(2019 年 7 月 1 日)之间的天数差。

6.6　OLAP 分析模型

OLAP 分析可以用来展示和探索用户画像结果,提供更全面、更深入和更直观的分析和展示方式。

6.6.1　读者入馆主题分析

读者入馆主题分析有助于揭示不同类型读者在入馆行为方面的差异。通过对数据分析,从不同维度观察读者的入馆行为,例如入馆频次、入馆时间偏好和使用的入口等。这样的分析可以帮助图书馆深入了解读者群体的行为模式和偏好,为图书馆提供更加贴心的服务和资源分配,提升整体服务质量,进一步满足读者的需求。以下是关于读者入馆主题OLAP分析模型的维度和事实表构建。

1.维度

与读者相关的维度:读者性别、读者流通类型、专业、学院、入学年、年级。

与门禁相关的维度:门禁号。

时间维度:年份、月份、星期、时段。

度量值:入馆次数。

2.事实表构建

将门禁时间偏好表(M)和读者信息事实类标签表(R)进行关联,以综合多维度详细具体地查看读者在每个时段的入馆行为信息。以下是构建读者入馆主题分析事实表的SQL语句。

SELECT R.性别,R.读者流通类型,R.专业,R.学院,R.入学年,R.年级,M.门禁号,M.年份,M.月份,M.星期,M.时段

INTO 读者入馆分析事实表

FROM dbo.门禁时间偏好 M

LEFT JOIN dbo.读者信息事实类标签 R ON M.读者学工号 = R.读者学工号

以上语句通过左连接操作将读者信息事实类标签表与门禁时间偏好表进行关联,选取其中的性别、读者流通类型、专业、学院、入学年、年级、门禁号、年份、月份、星期、时段,使得新表中的每一行都包含了来自两个原始表的相关数据,最终将结果集保存在一个名为"读者入馆分析事实表"的新表中,以便后续对读者入馆行为进行多维分析。其中一条记录表示一条进入门禁的次数,OLAP分析模型会自动对入馆次数进行求和计数。

6.6.2 读者借阅主题分析

读者借阅主题分析有助于揭示不同类型读者在借阅行为方面的差异。通过对数据进行分析,从文献分类、出版者和责任者等不同维度来了解读者的借阅行为。这样的分析有助于图书馆深入了解读者群体的行为模式和偏好特征,为图书馆提供更加精准的服务和资源配置,从而提升读者的阅读体验和满足读者的阅读需求。以下是关于读者借阅主题 OLAP 分析模型的维度和事实表构建。

1.维度

与读者相关的维度:读者性别、读者流通类型、专业、学院、入学年、年级。

与图书相关的维度:文献一级分类、馆藏地点、流通操作类型。

时间维度:年份、月份、星期、时段。

度量值:借阅册数。

2.事实表构建

将图书流通信息(T)、图书基本信息(B)与读者信息事实类标签(R)三表关联,可以综合多维度查看读者借阅相关行为信息。同时在关联查询中,开发图书借阅时间偏好标签及图书一级分类标签。以下是构建读者借阅主题分析事实表的 SQL 语句。

SELECT T.[读者学工号],R.[性别], R.[读者流通类型], R.[专业], R.[学院], R.[入学年], R.[年级], T.[流通操作类型],

CONCAT(SUBSTRING(B.[索书号], 1, 1), '类') AS 文献一级分类, B.[馆藏地点],

CONCAT(YEAR(T.[操作日期]), '年') AS 年份,

CONCAT（MONTH（T.[操作日期]），′月′）AS 月份，

DATENAME（dw, T.[操作日期]）AS 星期，

CONCAT（DATEPART（HOUR,T.[操作日期]），′点′）AS 时段

INTO 读者借阅分析事实表

FROM [dbo].[图书流通信息] T

LEFT JOIN [dbo].[图书基本信息] B ON T.[图书条码号] = B.[图书条码号]

LEFT JOIN [dbo].[读者信息事实类标签] R ON T.[读者学工号] = R.[读者学工号]

以上语句通过左连接操作将图书流通信息表、图书基本信息表和读者信息事实类标签表进行关联。图书流通信息表包含有关图书的借阅、归还或续借的具体操作记录,将"操作日期"字段进行了处理,通过使用 CONCAT 函数和 DATENAME 函数对其格式化,分别提取了年份、月份、星期和时段的信息。图书基本信息表包含有关图书的基本信息,使用 SUBSTRING 函数提取索书号的第一个字符,并使用 CONCAT 函数将其与字符串"类"合并,以创建表示图书一级分类的标签。读者信息事实类标签表包含有关读者的基本信息,如性别、专业、学院等。最终将结果存储在名为"读者借阅分析事实表"的新表中,根据不同的流通操作类型,每条记录表示读者借阅、归还或续借某一册图书。在 OLAP 分析模型中,系统会自动对这些记录进行求和计数,从而计算图书册数。

6.6.3　读者空间使用主题分析

读者空间使用主题分析有助于揭示不同类型读者在图书馆空间利用方面的差异。通过对数据进行分析,从座位楼层位置、房间名称和预约终端类型等不同维度深入了解读者的预约行为。这样的分析可以帮助图书馆更好地规划空间布局、优化服务流程,满足读者的需求,提升

图书馆空间利用效率,从而提供更好的阅读和学习环境。以下是关于读者空间使用主题OLAP分析模型的维度和事实表构建。

1.维度

与读者相关的维度:读者性别、读者流通类型、专业、学院、入学年、年级。

与座位相关的维度:楼层位置名称、房间名称、预约终端类型。

时间维度:年份、月份、星期、时段。

度量值:预约成功次数。

2.事实表构建

以下是构建读者预约座位分析事实表的SQL语句。

SELECT P.读者学工号,R.性别,R.读者流通类型,R.专业,R.学院,R.入学年,R.年级,P.楼层位置名称,P.房间名称,P.预约终端类型,

    CONCAT(YEAR(P.[预约实际签到时间]),′年′) AS 年份,

    CONCAT(MONTH(P.[预约实际签到时间]),′月′) AS 月份,

    DATENAME(dw, P.[预约实际签到时间]) AS 星期,

    CONCAT(DATEPART(HOUR,P.[预约实际签到时间]),′点′) AS 时段

INTO 读者预约座位分析事实表

FROM 读者预约座位信息 P

LEFT JOIN 读者信息事实类标签 R ON P.读者学工号 = R.读者学工号

以上语句对两个数据表进行了连接操作。从读者预约座位信息表(P)中选择了多个字段,包括读者学工号、楼层位置名称、房间名称、预约终端类型等;对预约实际签到时间进行处理,包括提取年份、月份、星期、时段等;根据读者学工号,通过左连接操作将读者信息事实类标签

表（R）和读者预约座位信息表进行关联，以获取读者的性别、流通类型、专业、学院、入学年、年级和星座信息，其中一条记录表示一条读者预约座位的次数。根据完成预约情况字段，每条预约成功记录表示一次预约。在OLAP分析模型中，系统会自动对这些记录进行求和计数，从而计算预约次数。

6.6.4　综合主题分析

将读者信息事实类标签表、入馆指数标签表、借阅指数标签表和空间使用指数标签表等多个表进行关联，能够提供一个全面的视角来综合分析读者一年来的行为信息，并揭示读者入馆、借阅和学习之间的关系。例如，可能发现某些读者在入馆频次较高的时段也倾向于借阅书籍或进行学习活动，从而揭示读者入馆行为、借阅与学习之间的密切联系。

1.维度

与读者相关的维度：读者性别、读者流通类型、专业、学院、入学年、年级。

时间维度：年份。

度量值：入馆天数、入馆次数、最近一次访问图书馆距离观测日期天数、借阅次数、借阅册数、最近一次借阅距离观测日期天数、预约天数、预约次数、最近一次预约距离观测日期天数。

2.事实表构建

以下是构建年粒度三表标签综合分析事实表的SQL语句。

SELECT R.读者学工号,R.性别,R.读者流通类型,R.专业,R.学院,R.入学年,R.年级,I.入馆天数,I.入馆次数,I.最近一次访问图书馆距离观测日期天数, B.借阅次数, B.借阅册数, B.最近一次借阅距离观测日期天数, S.预约天数, S.预约次数, S.最近一次预约距离观测日期天数

　　INTO 年粒度三表标签综合分析

　　FROM dbo.读者信息事实类标签 AS R

　　LEFT JOIN dbo.入馆指数标签 AS I ON R.读者学工号 = I.读者学工号

　　LEFT JOIN dbo.借阅指数标签 AS B ON I.读者学工号 = B.读者学工号

　　LEFT JOIN dbo.空间使用指数标签 AS S ON B.读者学工号 = S.读者学工号

　　以上语句通过左连接操作将读者信息事实类标签表(R)与入馆指数标签(I)、借阅指数标签(B)和空间使用指数标签(S)进行关联。这些表分别包含图书馆访问、借阅活动和学习行为等信息。通过使用共同的读者ID(读者学工号)连接这些表,整合来自多个数据源的信息,从而提供读者及读者与图书馆管理系统互动的全面视图。

6.6.5　OLAP多维数据集

　　分别对以上的"读者入馆主题分析""读者借阅主题分析""读者空间使用主题分析"和"综合主题分析"创建OLAP结构并对其加载数据。下面以"读者借阅主题分析"为例,使用SQL Server Analysis Services(SSAS)创建OLAP多维数据集。

1.创建OLAP多维数据集

　　首先,创建数据源并建立数据源视图。数据源用于连接数据库,而数据源视图则是数据库中表的逻辑子集,便于在多维分析过程中使用。其次,通过向导设置设计数据源视图中事实表与各维表的关系,设计

"读者借阅主题分析"数据源视图,如图6-2所示。再次,创建好"读者借阅主题分析"多维数据集立方体结构,如图6-3所示。最后,将其部署到SSAS服务与处理,最终实现多维数据分析。

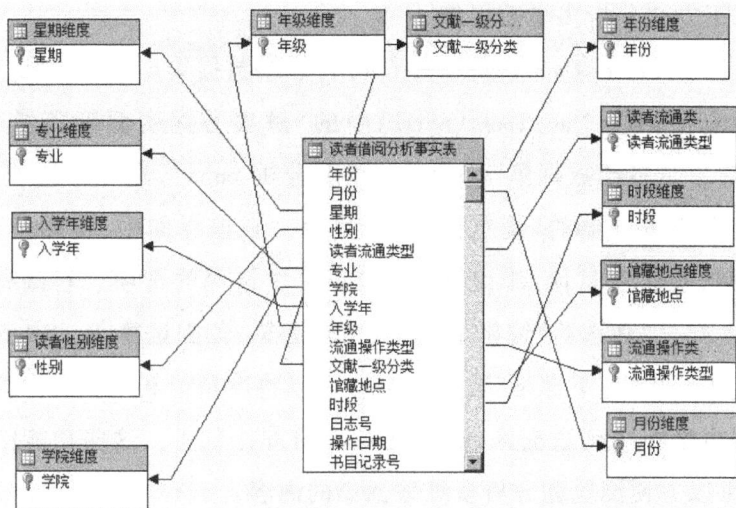

图6-2 "读者借阅主题分析"数据源视图

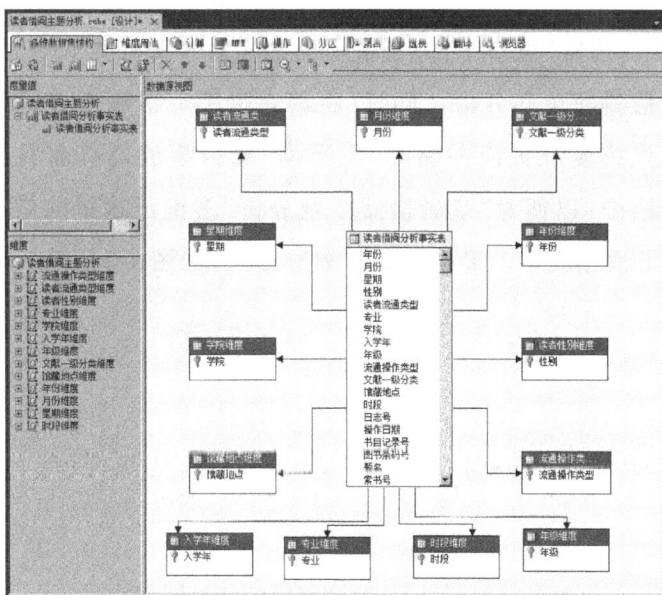

图6-3 "读者借阅主题分析"多维数据集结构

2.分析多维数据集

部署好多维数据集后,就可以对多维数据集中的数据进行分析了。常用以下方式分析多维数据集。

(1)SQL Server Data Tools(SSDT)分析多维数据集。

在 SQL Server Data Tools(SSDT)中的"解决方案资源管理器"窗口中,右键单击多维数据集"读者借阅主题分析 .cube",选择"浏览",进入多维数据集设计器的"浏览器"选项界面。在该界面中,左侧是"元数据"窗格,包含度量值、维度和 KPI 值等可供选择的选项。右侧有两个窗格,上部是"筛选器"窗格,可通过比较运算、范围运算和 MDX 表达式构建筛选表达式;下部是"数据"窗格,可以将度量值和维度层次结构从元数据窗格拖放到数据区域,以便对数据进行分析。这些功能结合在一起,可以方便浏览和分析多维数据集的内容。

例如,我们将读者流通类型、读者性别、流通操作类型、年级、专业、年份和文献一级分类等维度从页面左侧的"元数据"窗格拖放到页面右侧上部的"筛选器"窗格中,并设置适当的运算符和筛选表达式,从而实现数据的精确筛选和分析。同时,将读者借阅分析事实表(图书册数)和馆藏地点维度从页面左侧的"元数据"窗格拖放到页面右侧下部的"数据"窗格中,以便对"读者借阅主题分析"多维数据集的信息进行详细分析和可视化展示。多维数据集浏览结果,如图6-4所示。

图6-4 多维数据集浏览结果

（2）Excel分析多维数据集。

除了在 SQL Server Data Tools（SSDT）中使用多维数据集浏览器进行数据分析外，如果在运行 SSDT 的计算机上安装了 Excel，还可以通过工具栏上的 Excel 图标实现在 Excel 表格中进行数据分析。此外，如果终端客户的计算机上安装了 Excel，也可以通过数据透视表功能分析服务器上的多维数据集数据。这种灵活的数据分析方式为用户提供了更多选择，用户根据需要选择最适合的分析工具进行数据处理和可视化。

例如，终端客户计算机安装 Excel 2016 后，分析多维数据集的具体步骤如下。

步骤1：连接数据源。新建一个 Excel 文件并打开，选择"数据"菜单项下的"自其他来源"，在弹出的列表中，选择"来自 Analysis Services"，出现数据连接向导窗口，输入多维数据集所在的服务器名称，输入用户名和密码完成登录。验证成功后，出现如图6-5所示的选择数据库和表的窗口，导入已经部署的多维数据集。

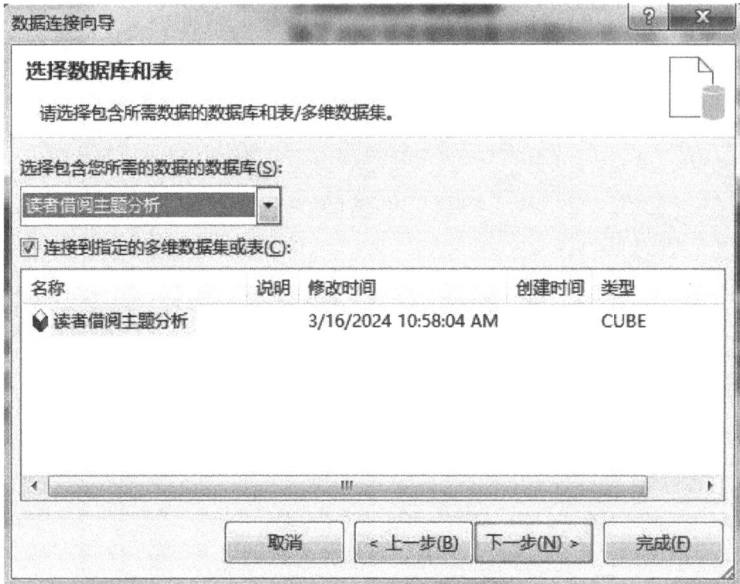

图6-5　数据连接向导:选择数据库和表

步骤2:保存数据连接。点击图6-5中的"下一步"按钮,弹出"保存数据连接并完成"窗口。在这个窗口中,点击"完成"按钮即可完成多维数据集数据源的连接。接下来出现导入数据对话窗口,选择多维数据集数据在工作簿中的显示方式和数据放置位置。

步骤3:通过数据透视表进行数据分析。确定好数据位置后,在指定位置生成数据透视表。在数据透视表字段列表中,通过拖放字段的方式创建切片器和图表,实现数据分析,如图6-6所示。在数据透视表字段列表的右侧,勾选需要分析的字段复选框。一旦勾选,相关数据将被全部插入到轴字段"行"中,然后根据具体的分析需求,重新拖动它们至"筛选器""列标签""行标签"或"数值"中。需要注意的是,在"筛选器""列标签"和"行标签"中的字段可以根据分析需求进行灵活的拖动和组合,以便更好地展现数据分析结果。

图6-6 Excel分析多维数据集结果

6.6.6 读者偏好分析

基于OLAP多维数据集,可以深入分析读者在图书馆的入馆、借阅和预约行为偏好。利用Tableau软件连接SQL Server数据库数据源,并将各主题多维立方体的事实表添加到数据中。以"读者借阅主题分析"事实表为例,在Tableau中精心设计的图表和仪表板,展示2018—2019学年读者在借阅活动时间和借阅图书类别方面的偏好。

1.借阅活动时间偏好分析

使用柱状图、折线图或散点图等展示每月、每季度、每周或不同时间段内读者的借阅活动情况,帮助识别借阅高峰和低谷时段。同时可以添加交互式筛选器,用户可以自定义时间范围,深入探索不同时间段的借阅情况。

2.借阅图书类别偏好分析

使用饼图展示不同图书类别的借阅次数占比,或通过气泡图的气泡大小展示不同图书类别的借阅量,帮助分析读者对不同类别图书的喜好程度。具体操作中,可以通过颜色标识不同类别,使图表更直观易懂。

3.读者群画像展示

设计仪表板汇总展示整体读者群在借阅活动时间和借阅图书类别两个方面的偏好。同时添加交互式部件,如下拉菜单或滑块,用户可以根据需要调整展示的细节,同时对分析结果个性化设计,如图 6-7 所示。

通过这些精心设计的图表和仪表板,图书馆管理人员可以清晰地了解读者的阅读偏好和借阅行为,为提升图书馆服务质量、优化图书馆资源配置提供有益的参考和决策依据。

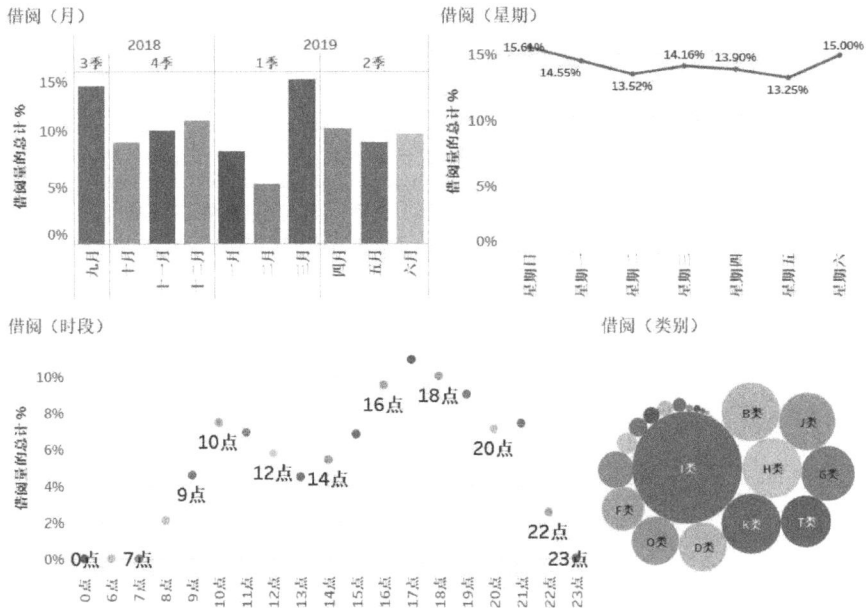

图 6-7　读者群借阅偏好画像

在图 6-7 读者群借阅偏好画像中,清晰展示了读者的偏好。数据涵盖的时间跨度为 2018 年 9 月至 2019 年 6 月，包括整个学年的借阅情况。这段时间内没有重叠的月份，以月份作为分析维度，能有效展示图书馆在不同月份的借阅流变化情况。从数据图表中直观可见，每个学期的开学季对应的九月和三月是借阅量最高的时段，而每学期末对应的月份十二月和六月则是次高峰期；寒假期间的一月和二月由于节假日等因素，借阅量相对较低。

以星期为维度对读者的借阅行为进行分析，可以揭示图书馆借阅量在一周中的规律特点。数据表明，星期六和星期日通常呈现较高的借阅量，相对而言，星期二和星期五则呈现较低的借阅量。

以每天的各个时段为单位进行分析，可以观察到每天 10 点和 17 点是两个借阅高峰时段。这种变化呈现出一个明显的 M 形，反映读者借阅行为的规律性和周期性。

通过对图书类别维度进行分析，I 类（文学）图书借阅量远远超过其他类别。其次是 H 类（语言、文字）、K 类（历史、地理）、B 类（哲学、宗教）、J 类（艺术）等图书借阅量也较为突出。这些数据表明读者对文学类图书的借阅需求最为广泛，同时也显示了读者对语言、历史、哲学、艺术等领域的浓厚兴趣。

用同样的方法可以绘制分析读者群入馆偏好画像、读者群预约偏好画像等。

6.7　挖掘类标签开发

本节的主要目标是进行数据挖掘并进行挖掘类标签的开发。挖掘类标签的开发是在前述事实类和统计类标签的基础上进行数据挖掘的进一步探索，从而给读者打上需要挖掘的读者所属群体类型标签，并对读者的行为进行预测。

根据前述已经开发的统计类标签，对读者的年度入馆次数、借阅册数和预约座位次数进行频率分析,如表6-3所示。表6-3中,共有28067位读者作为研究对象。其中,在入馆次数中,有6053位读者未记录数据;在借阅册数中,有17506位读者未记录数据;在预约次数中,有21644位读者未记录数据。这意味着在这一学年中,有6053位读者从未进入过图书馆,17506位读者没有借阅过图书,21644位读者没有预约过座位。这些缺失数据表明一些读者很少或根本没有利用图书馆资源。

通过计算平均值得知,整个学年中,读者的平均入馆次数为44.83次,平均借阅册数为7.96册,平均预约次数为21.11次。而中位数显示,入馆次数为15次,借阅册数为5册,预约次数为11次。众数都为1次,表明有很多读者只入馆、借阅或预约了1次。最大值和最小值则反映了在这一学年中读者的最高和最低的入馆次数、借阅册数和预约次数。通过表中的数据可以观察到,在这一学年中,不同读者对于利用图书馆资源的程度存在显著差异。因此,可以进一步研究和分析这些差异的影响因素。

表6-3 读者行为频率统计

		读者人数	入馆次数	借阅册数	预约次数
个案数	有效	28067	22014	10561	6423
	缺失	0	6053	17506	21644
平均值		—	44.83	7.96	21.11
中位数		—	15.00	5.00	11.00
众数		—	1	1	1
最小值		—	1	1	1
最大值		—	710	137	245
四分位数	25%	—	4	2	4
	50%	—	15	5	11
	75%	—	54	10	28

四分位数是统计学中一种常用的测量数据分布情况的分析方法，我们将读者的入馆次数进行了四分位数分析。根据表中数据，25% 读者的入馆次数少于或等于 4 次，50% 读者的入馆次数低于等于 15 次，75% 读者的入馆次数低于等于 54 次。通过四分位数分析，我们可以大致了解读者入馆次数、借阅册数和预约次数的分布情况及相应特点，这也间接反映了图书馆资源的利用情况存在一定的不平衡。就入馆次数而言，一部分读者的入馆次数较多，而另一部分读者的入馆次数相对较少，甚至在一学年内未曾入过图书馆。这些分析结果为图书馆提供了一些启示，可以根据不同读者群体的特点开展相应的阅读服务和资源规划，以更好地满足读者的需求。

6.7.1 读者行为分类分析

根据表 6-3 的分析，我们可以得知不同读者对图书馆资源的利用存在不平衡的现象。接下来，我们将运用数据挖掘中的分类算法，对读者的入馆情况、借阅行为和预约座位情况进行分析和预测。

1. 数据预处理

根据入馆次数、借阅册数和预约次数的最小值，建立 3 个字段来表示读者是否入馆、是否借阅图书和是否预约座位。并且，使用二进制变量值进行标签赋值，其中 "0" 表示无入馆、无借阅、无预约，"1" 表示有入馆、有借阅、有预约。以下是对读者是否入馆、是否借阅和是否预约座位进行评判并开发标签的 SQL 语句。

```sql
SELECT*,
    CASE WHEN 入馆次数 > 0 THEN 1 ELSE 0 END AS 是否入馆,
    CASE WHEN 借阅册数 > 0 THEN 1 ELSE 0 END AS 是否借阅,
    CASE WHEN 预约次数 > 0 THEN 1 ELSE 0 END AS 是否约座
```

INTO 读者行为分类分析

FROM [dbo].[年粒度三表标签综合分析]

经过以上数据预处理,得到读者行为分类分析数据预处理结果,如表6-4所示。

表6-4　读者行为分类分析数据预处理结果

读者学工号	性别	读者流通类型	专业	学院	年级	入馆天数	最近一次访问图书馆距离观测日期天数	借阅册数	最近一次借阅距离观测日期天数	预约天数	最近一次预约距离观测日期天数	是否入馆	是否借阅	是否约座
02087	女	本科生	秘书学	文学院	大一	12	3	3	52	2	174	1	1	1
02023	男	本科生	社会工作	法学院	大一	9	1	—	—	—	—	1	0	0
01074	男	本科生	数学与应用数学	数统学院	大一	6	27	—	—	—	—	1	0	0
05020	女	本科生	会计学	经济管理学院	大三	35	16	1	107	20	16	1	1	1
02088	女	本科生	视觉传达设计	美术学院	大三	4	42	6	112	—	—	1	1	0
01421	女	本科生	数学与应用数学	数统学院	大一	12	45	2	169	1	45	1	1	1

2.建立分类模型

(1)数据流图构建。

SPSS Modeler中的数据流图构建是整个数据挖掘模型构建的核心。数据流图是以节点(node)和连接线(link)组成的图形化表示,每个节点代表一个操作或算法，连接线表示数据流向。读者行为分类分析数据流，如图6-8所示。

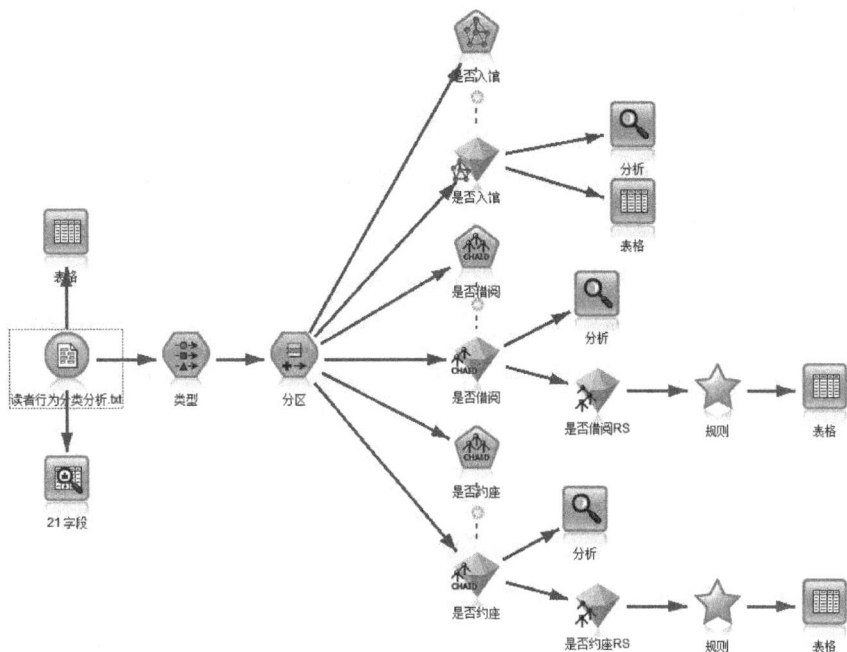

图6-8　读者行为分类分析数据流

图6-8数据流主要包括以下节点。

数据导入节点：用于导入读者行为分类分析数据预处理结果。

类型选择节点：对导入的数据进行初步清洗和筛选，确保数据类型正确且完整。

字段分区节点：选择70%数据样本作为训练集、剩下的30%作为测试集。"是否入馆""是否借阅"和"是否约座"三个模型都基于这样的分区设置。模型在训练过程中使用70%的数据样本进行参数的学习和调整，再使用剩下的30%的数据样本进行模型性能的评估和验证。这有助于判断模型在未见过的数据上的表现，并估计模型泛化的能力。

神经网络模型节点：使用人工神经网络模型预测读者是否入馆。

CHAID 树模型节点：使用 CHAID 树模型预测读者是否借阅、读者是否预约座位。

模型精确度分析节点：用于分析各模型精确度。

结果呈现节点：用于模型分析预测的结果，展示模型效果。

结果输出和应用：通过添加结果输出节点，将模型的结果输出为所需的格式，如 CHAID 树模型规则集、规则跟踪节点和报表等。

（2）读者是否入馆。

使用人工神经网络模型构建读者"是否入馆"预测模型。数据流图中的"是否入馆"字段包含两种分类值："0"表示无入馆，"1"表示有入馆。在建模过程中，选择"是否入馆"作为目标变量，而"性别""读者流通类型""专业"和"学院"作为预测变量（输入）。构建选项包括：目标选项组、基本选项组、中止规则选项组、整体选项组和高级选项组。以下是模型构建过程中配置的不同部分。

目标选项组：选择"构建新模型"作为主要目标，并选择"创建标准模型"。

基本选项组：选择"多层感知器（MLP）"作为人工神经网络模型。隐藏层选择为自动计算单元格数。

中止规则选项组：设置最大训练时间为"15 分钟"，用于确定训练算法何时可以停止训练。

整体选项组：选择"系统默认值"，用于设置集成学习算法 Boosting 和 Bagging 的相关内容。

高级选项组：过度拟合防止集合和处理预测变量中的缺失值。过度拟合防止集合使用训练数据集中的"独立样本"作为测试数据集，用于评估错误率。设置"5%"的测试集抽样比例，预测变量中的缺失值设定为"插补处理"。

（3）读者是否借阅。

使用 CHAID 树模型构建读者"是否借阅"预测模型。数据流图中的

"是否借阅"字段包含两种分类值:"0"表示无借阅,"1"表示有借阅。在建模过程中,选择"是否借阅"作为目标变量,而"性别""读者流通类型""专业""年级""入馆天数"和"最近一次访问图书馆距离观测日期天数"作为预测变量(输入)。构建选项包括:目标选项组、基本选项组、中止规则选项组、成本选项组、整体选项组和高级选项组。以下是模型构建过程中配置的不同部分。

目标选项组:选择"构建新模型"作为主要目标,并选择"构建单个树",模式选择"生成模型"。

基本选项组:树生长算法选择"CHAID",最大树深度设置为"3"。

中止规则选项组:选择使用"百分比"的方式,父分支中的最小记录数为"2%",子分支中的最小记录数为"1%"。

成本选项组:暂不使用代价敏感学习方法。

整体选项组:选择"系统默认值",用于设置集成学习算法 Boosting 和 Bagging 的相关内容。

高级选项组:分割和合并的显著性水平设置为"0.05",用于类别目标的卡方为 Pearson 卡方。期望单元格频率的下限改为"0.001",收敛的最大迭代次数设置为"100"。

(4)读者是否约座。

使用 CHAID 树模型构建读者"是否约座"预测模型。数据流图中的"是否约座"字段包含两种分类值:"0"表示无预约,"1"表示有预约。在建模过程中,选择"是否约座"作为目标变量,而"性别""读者流通类型""专业""年级""入馆天数""最近一次访问图书馆距离观测日期天数""借阅册数"和"最近一次借阅距离观测日期天数"作为预测变量(输入)。构建选项包括:目标选项组、基本选项组、中止规则选项组、成本选项组、整体选项组和高级选项组。以下是模型构建过程中配置的不同部分。

目标选项组:选择"构建新模型"作为主要目标,并选择"构建单个树",模式选择"生成模型"。

基本选项组:树生长算法选择"CHAID",最大树深度设置为"3"。

中止规则选项组:选择使用"百分比"的方式,父分支中的最小记录数为"2%",子分支中的最小记录数为"1%"。

成本选项组:暂不使用代价敏感学习方法。

整体选项组:选择"系统默认值",用于设置集成学习算法 Boosting 和 Bagging 的相关内容。

高级选项组:分割和合并的显著性水平定设置为"0.05",用于类别目标的卡方为 Pearson 卡方。期望单元格频率的下限改为"0.001",收敛的最大迭代次数设置为"100"。

3.分类结果与分析

(1)读者是否入馆。

①模型概要。从图 6-9 所示模型概要可以看出,单层隐藏层人工神经网络模型具有 5 个神经元,模型的准确率为 78.6%。

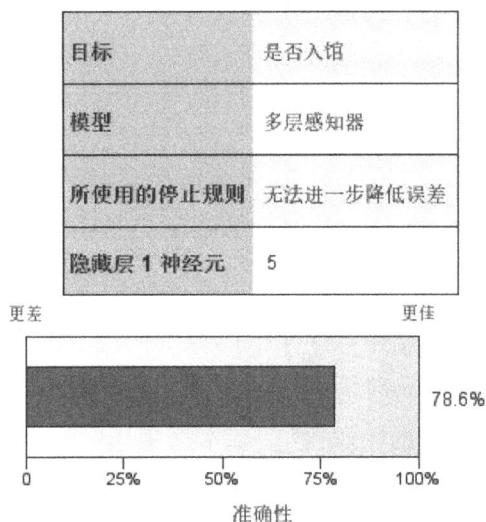

目标	是否入馆
模型	多层感知器
所使用的停止规则	无法进一步降低误差
隐藏层 1 神经元	5

更差　　　　　　　　　　　　　　　　更佳

78.6%

0　　25%　　50%　　75%　　100%

准确性

图6-9　读者是否入馆人工神经网络模型——模型概要

②预测变量重要性分析。神经网络可以通过学习输入的特征和权重做出预测,结合权重大小,可以更准确地预测读者的入馆行为。从预测变量重要性分析中可以看出,学院对读者是否入馆的影响力最大,达到 0.50,接下来依次为年级、性别、读者流通类型,占比分别为 0.27、0.14、0.10,如图 6-10 所示。

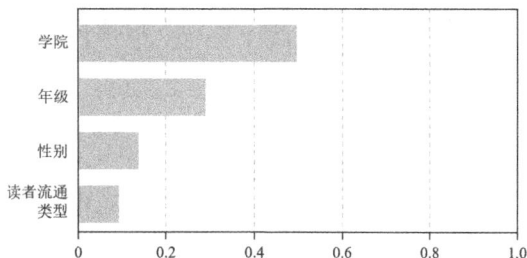

图6-10　读者是否入馆人工神经网络模型——预测变量重要性

③人工神经网络模型图。最终构建的人工神经网络模型图,如图 6-11 所示,该模型图共有 3 个层级,5 个神经元。

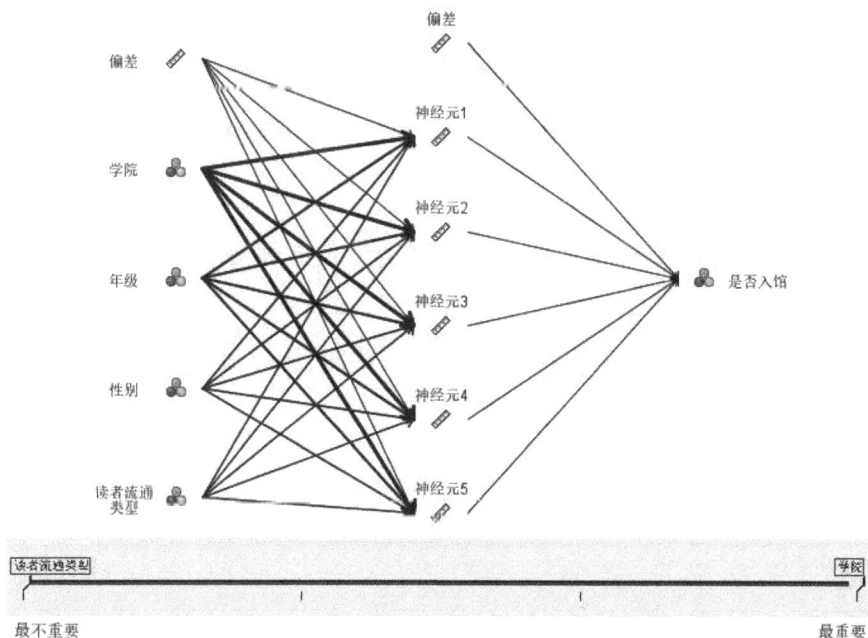

图6-11　读者是否入馆人工神经网络模型

④模型预测结果评价。利用"分析"节点，可以获得训练集与测试集预测结果混淆矩阵，如图6-12所示。可以看到，数据被分为了训练（培训）集和测试集，其中训练集包含了19640条数据，测试集包含了8427条数据。在训练集中，有15433条数据的预测结果是正确的，准确率为78.58%；而在测试集中，有6593条数据的预测结果是正确的，准确率为78.24%。综合分析节点的结果，本书所构建的人工神经网络模型的预测准确率表现良好。

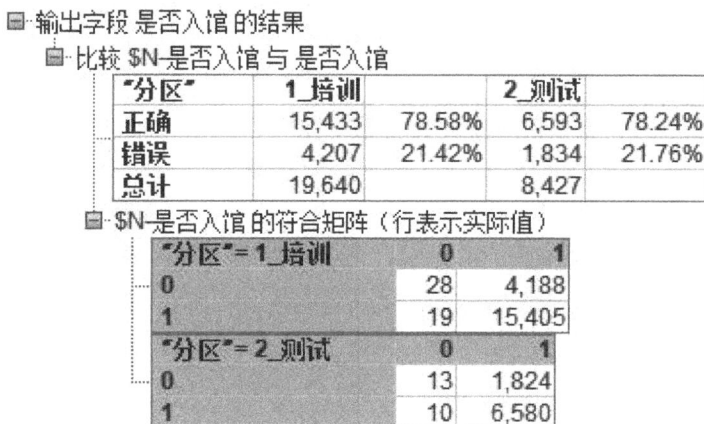

⊟ 输出字段 是否入馆 的结果
　⊟ 比较 $N-是否入馆 与 是否入馆

"分区"	1_培训		2_测试	
正确	15,433	78.58%	6,593	78.24%
错误	4,207	21.42%	1,834	21.76%
总计	19,640		8,427	

　⊟ $N-是否入馆的符合矩阵（行表示实际值）

"分区"=1_培训	0	1
0	28	4,188
1	19	15,405
"分区"=2_测试	0	1
0	13	1,824
1	10	6,580

图6-12　读者是否入馆人工神经网络模型——预测结果混淆矩阵

（2）读者是否借阅。

①预测变量重要性分析。从预测变量重要性分析中可以看出，入馆天数对读者是否借阅的影响力最大，达到0.51，接下来依次为最近一次访问图书馆距离观测日期天数、年级、性别、读者流通类型，占比分别为0.29、0.08、0.06、0.05，如图6-13所示。

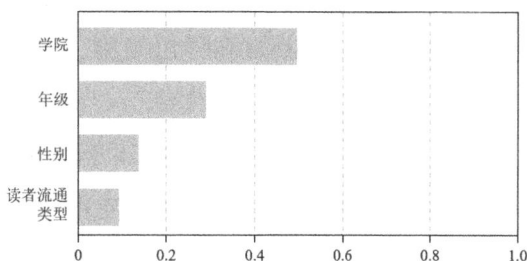

图 6-13　读者是否借阅 CHAID 树模型——预测变量重要性

②决策树结构。通过 CHAID 树模型分类规则将训练集中的 19640 条记录分为 47 个分类节点,每个内部节点代表一个判断规则,而每个叶子节点代表一个分类。入馆天数作为一层节点最先进入模型;二层节点有 3 个变量,分别为读者流通类型、年级、最近一次访问图书馆距离观测日期天数;三层节点有 3 个变量,分别为性别、年级及入馆天数。CHAID 树模型部分决策树节点,如图 6-14 所示。

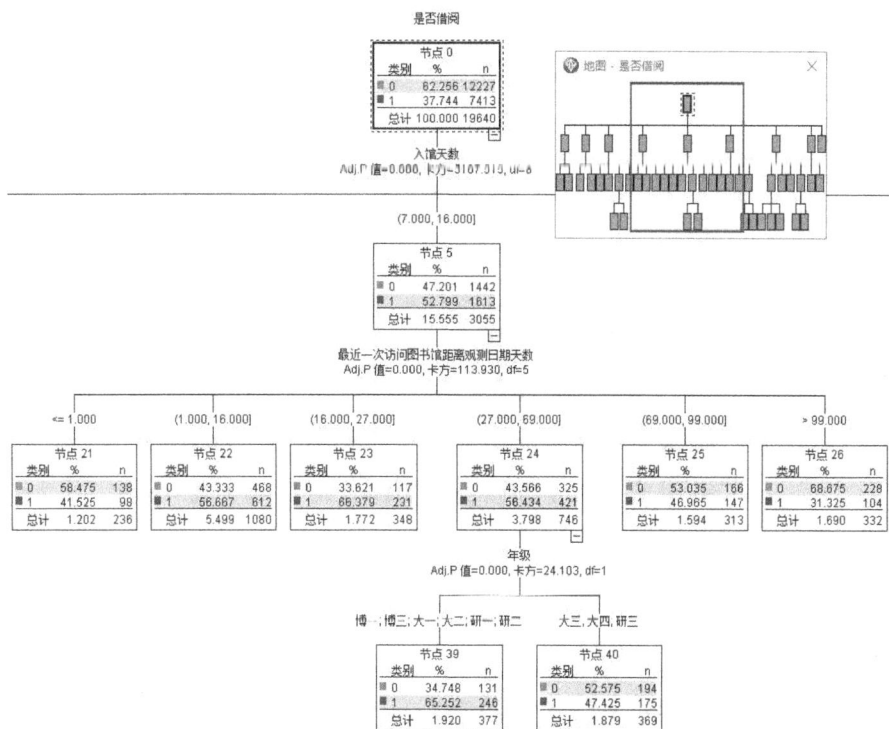

图 6-14　读者是否借阅 CHAID 树模型——决策树部分节点

③生成规则集。为了进一步整理和导出规则,在数据流图中,双击生成的模型节点,在上方菜单栏中单击"生成"→"规则集"命令,生成规则集"是否借阅 RS"节点,规则用于 0,即规则用于读者无借阅,包含 16 条规则;规则用于 1,即规则用于读者有借阅,包含 18 条规则。由于规则使用较多,以下仅展示规则用于 1 的部分内容(规则 6~规则 9)。

规则 6 用于 1

如果 入馆天数 > 7

和 入馆天数 <= 16

和 最近一次访问图书馆距离观测日期天数 > 27

和 最近一次访问图书馆距离观测日期天数 <= 69

和 年级 in ["大一" "研一" "博三" "研二" "博一" "大二"]

则 1

规则 7 用于 1

如果 入馆天数 > 16

和 入馆天数 <= 25

和 最近一次访问图书馆距离观测日期天数 <= 9

则 1

规则 8 用于 1

如果 入馆天数 > 16

和 入馆天数 <= 25

和 最近一次访问图书馆距离观测日期天数 > 9

和 最近一次访问图书馆距离观测日期天数 <= 43

则 1

规则 9 用于 1

如果 入馆天数 > 25

和 入馆天数 <= 62

和 最近一次访问图书馆距离观测日期天数 <= 1

和 入馆天数 <= 39

则 1

根据以上给出的规则,用于预测读者是否有借阅。

规则6:如果入馆天数大于7且小于等于16,最近一次访问图书馆距离观测日期的天数大于27且小于等于69,且年级是大一、研一、博三、研二、博一、大二,那么预测读者会有借阅的行为。

规则7:如果入馆天数大于16且小于等于25,并且最近一次访问图书馆距离观测日期的天数小于等于9,那么预测读者会有借阅的行为。

规则8:如果入馆天数大于16且小于等于25,并且最近一次访问图书馆距离观测日期的天数大于9且小于等于43,那么预测读者会有借阅的行为。

规则9:如果入馆天数大于25且小于等于62,最近一次访问图书馆距离观测日期的天数小于等于1,且入馆天数小于等于39,那么预测读者会有借阅的行为。

④跟踪规则。在数据流图中,双击生成的规则集"是否借阅RS"节点,在上方菜单栏中单击"生成"→"规则跟踪"命令,生成"规则"超节点。把主数据流与规则跟踪节点相连接,会对数据进行打分,并且标识该记录是通过哪条决策规则进行判别。经过超节点,生成新字段"规则",如图6-15所示。例如,在第一条记录的内容,"1_3(0.505)"表示该记录是通过用于预测为1的第3条规则进行判别的,该规则的置信度为0.505。

	是否入馆	是否借阅	是否约座	分区	$R-是否借阅	$RC-是否借阅	规则
1	1	1	0	1_培训	1	0.505	1_3(0.505)
2	1	0	0	1_培训	1	0.567	1_4(0.567)
3	0	0	0	1_培训	0	1.000	0_16(1.000)
4	1	1	1	2_测试	1	0.584	1_12(0.584)
5	1	0	0	1_培训	0	0.707	0_5(0.707)
6	1	1	1	1_培训	1	0.567	1_4(0.567)
7	1	1	0	1_培训	0	0.677	0_15(0.677)
8	1	0	0	1_培训	0	0.588	0_6(0.588)
9	1	0	0	1_培训	0	0.877	0_2(0.877)
10	1	1	1	1_培训	1	0.643	1_15(0.643)
11	1	1	1	1_培训	1	0.584	1_12(0.584)
12	1	0	0	1_培训	0	0.687	0_13(0.687)
13	1	1	1	2_测试	1	0.643	1_15(0.643)
14	1	0	0	1_培训	1	0.567	1_4(0.567)
15	1	1	1	2_测试	1	0.755	1_18(0.755)
16	1	1	1	2_测试	1	0.755	1_18(0.755)
17	1	1	1	1_培训	1	0.646	1_8(0.646)
18	0	0	0	1_培训	0	1.000	0_16(1.000)
19	1	0	0	1_培训	0	0.877	0_2(0.877)
20	1	1	1	1_培训	1	0.594	1_9(0.594)

图6-15　读者是否借阅CHAID树模型——规则跟踪

⑤模型预测结果评价。利用"分析"节点,可以获得训练集与测试集预测结果混淆矩阵,如图6-16所示。可以看到,数据被分为了训练(培训)集和测试集,其中训练集包含了19640条数据,测试集包含了8427条数据。在训练集中,有14465条数据的预测结果是正确的,准确率为73.65%;而在测试集中,有6230条数据的预测结果是正确的,准确率为73.93%。综合分析节点的结果,本书所构建的CHAID树模型的预测准确率表现良好。

⊟ 输出字段 是否借阅 的结果
　⊟ 比较 $R-是否借阅 与 是否借阅

"分区"	1_培训		2_测试	
正确	14,465	73.65%	6,230	73.93%
错误	5,175	26.35%	2,197	26.07%
总计	19,640		8,427	

　⊟ $R-是否借阅 的符合矩阵(行表示实际值)

"分区"=1_培训	0	1
0	9,176	3,051
1	2,124	5,289
"分区"=2_测试	0	1
0	4,002	1,277
1	920	2,228

图6-16　读者是否借阅CHAID树模型——预测结果混淆矩阵

（3）读者是否约座。

①预测变量重要性分析。从预测变量重要性分析中可以看出,入馆天数对读者是否预约座位具有显著影响,占比高达0.95。接下来最近一次借阅距离观测日期的天数,其影响比例为0.05,如图6-17所示。

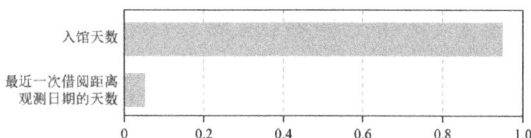

图6-17　读者是否约座CHAID树模型——预测变量重要性

②决策树结构。通过CHAID树模型分类规则将训练集中的19640条记录分为30个分类节点,每个内部节点代表一个判断规则,而每个叶子节点代表一个分类。最近一次借阅距离观测日期的天数作为一层节点先进入模型;二层节点包括入馆天数。CHAID树模型部分决策树节点,如图6-18所示。

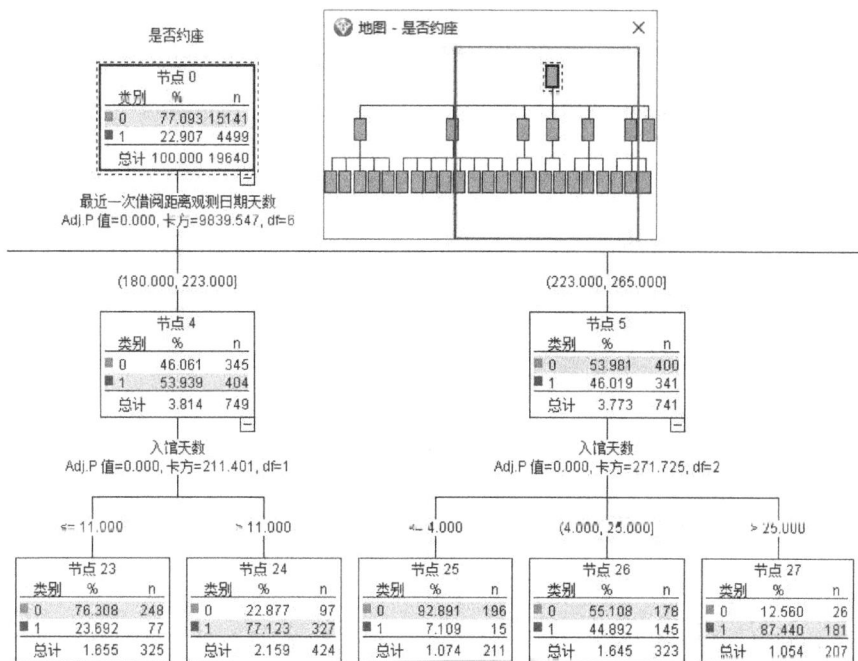

图6-18　读者是否约座CHAID树模型——决策树部分节点

③生成规则集。为了进一步整理和导出规则,在数据流图中,双击生成的模型节点,在上方菜单栏中单击"生成"→"规则集"命令,生成规则集"是否约座 RS"节点,规则用于 0,即规则用于读者无约座,包含 10 条规则;规则用于 1,即规则用于读者有约座,包含 14 条规则。由于规则使用较多,以下仅展示规则用于 1 的部分内容(规则 5、10、12、14),如下所示。

规则用于 1 - 包含 14 个规则

规则 5 用于 1

　　　如果 最近一次借阅距离观测日期天数 > 40

　　　和 最近一次借阅距离观测日期天数 <= 121

　　　和 入馆天数 > 11

　　　和 入馆天数 <= 16

　　　则 1

规则 10 用于 1

　　　如果 最近一次借阅距离观测日期天数 > 121

　　　和 最近一次借阅距离观测日期天数 <= 180

　　　和 入馆天数 > 16

　　　则 1

规则 12 用于 1

　　　如果 最近一次借阅距离观测日期天数 > 223

　　　和 最近一次借阅距离观测日期天数 <= 265

　　　和 入馆天数 > 25

　　　则 1

规则 14 用于 1

　　　如果 最近一次借阅距离观测日期天数 > 265

　　　和 入馆天数 > 16

　　　则 1

根据以上给出的规则,用于预测读者是否有预约座位行为。

规则5：如果最近一次借阅距离观测日期为大于40天到小于等于121天，并且入馆天数为大于11天小于等于16天，那么预测读者会有预约座位的行为。

规则10：如果最近一次借阅距离观测日期为大于121天到小于等于180天，并且入馆天数超过16天，那么预测读者会有预约座位的行为。

规则12：如果最近一次借阅距离观测日期为大于223天到小于等于265天，并且入馆天数超过25天，那么预测读者会有预约座位的行为。

规则14：如果最近一次借阅距离观测日期超过265天，并且入馆天数超过16天，那么预测读者会有预约座位的行为。

④跟踪规则。在数据流图中，双击生成的规则集"是否约座RS"节点，在上方菜单栏中单击"生成"→"规则跟踪"命令，生成"规则"超节点。把主数据流与规则跟踪节点相连接，会对数据进行打分，并且标识该记录是通过哪条决策规则进行判别。经过超节点，生成新字段"规则"，如图6-19所示。例如，在第一条记录的内容，"0_3（0.742）"表示该记录是通过用于预测为0的第3条规则进行判别的，该规则的置信度为0.742。

	是否入馆	是否借阅	是否约座	分区	$R-是否约座	$RC-是否约座	规则
1	1	1	0	1_培训	0	0.742	0_3(0.742)
2	1	0	0	1_培训	0	1.000	0_10(1.000)
3	0	0	0	1_培训	0	1.000	0_10(1.000)
4	1	1	1	2_测试	1	0.771	1_11(0.771)
5	1	0	0	1_培训	0	1.000	0_10(1.000)
6	1	1	1	1_培训	1	0.590	1_5(0.590)
7	1	0	0	1_培训	0	1.000	0_10(1.000)
8	1	0	0	1_培训	0	1.000	0_10(1.000)
9	1	0	0	1_培训	0	1.000	0_10(1.000)
10	1	1	1	1_培训	1	0.950	1_4(0.950)
11	1	1	1	1_培训	1	0.825	1_2(0.825)
12	1	1	0	1_培训	0	1.000	0_10(1.000)
13	1	1	1	2_测试	1	0.950	1_4(0.950)
14	1	0	0	1_培训	0	1.000	0_10(1.000)
15	1	1	1	2_测试	1	0.959	1_9(0.959)
16	1	1	1	2_测试	1	0.874	1_12(0.874)
17	1	1	1	1_培训	1	0.750	1_0(0.751)
18	0	0	0	1_培训	0	1.000	0_10(1.000)
19	1	0	0	1_培训	0	1.000	0_10(1.000)
20	1	1	1	1_培训	1	0.771	1_11(0.771)

图6-19　读者是否约座CHAID树模型——规则跟踪

⑤模型预测结果评价。利用"分析"节点,可以获得训练集与测试集预测结果混淆矩阵,如图6-20所示。可以看到,数据被分为了训练(培训)集和测试集,其中训练集包含了19640条数据,测试集包含了8427条数据。在训练集中,有18043条数据的预测结果是正确的,准确率为91.87%;而在测试集中,有7736条数据的预测结果是正确的,准确率为91.8%。综合分析节点的结果,本书所构建的CHAID树模型的预测准确率表现良好。

- 输出字段 是否约座 的结果
  - 比较 $R-是否约座 与 是否约座

"分区"	1_培训		2_测试	
正确	18,043	91.87%	7,736	91.8%
错误	1,597	8.13%	691	8.2%
总计	19,640		8,427	

  - $R-是否约座 的符合矩阵（行表示实际值）

"分区"=1_培训	0	1
0	14,281	860
1	737	3,762

"分区"=2_测试	0	1
0	6,151	352
1	339	1,585

图 6-20　读者是否约座 CHAID 树模型——预测结果混淆矩阵

6.7.2　读者活跃度聚类分析

读者活跃度分析旨在通过分析读者的入馆行为、借阅行为和预约座位行为,评估他们的活跃程度,并基于不同的入馆次数、借阅册数和预约座位次数,利用聚类算法将读者划分为具有不同活跃度特征的群体。

1.数据预处理

根据四分位数的数值,对每个读者进行活跃度分类,包括读者入馆活跃度、借阅活跃度和预约座位活跃度。例如,将入馆次数为空的读者标记为"无入馆",将低于第一四分位数的读者标记为"极低入馆",将介于第一四分位数和第二四分位数之间的读者标记为"低入馆",将介于第二四分位数和第三四分位数之间的读者标记为"中等入馆",将高于第三四分位数的读者标记为"高入馆"。以同样的方法给借阅活跃度和预约座位活跃度设置标签。以下是读者入馆活跃度、借阅活跃度和预约座位活跃度评判设置标签的SQL语句。

```
SELECT  * ,
    CASE
        WHEN 入馆次数 is null  THEN '无入馆'
        WHEN 入馆次数 < 4  THEN '极低入馆'
        WHEN 入馆次数 >= 4 AND 入馆次数 < 15 THEN '低入馆'
        WHEN 入馆次数 >= 15 AND 入馆次数 < 54 THEN '中等入馆'
        ELSE '高入馆'
    END AS 入馆活跃度分类,
    CASE
        WHEN 借阅册数 is null THEN '无借阅'
        WHEN 借阅册数 < 2 THEN '极低借阅'
        WHEN 借阅册数 >= 2 AND 借阅册数 < 5 THEN '低借阅'
        WHEN 借阅册数 >= 5 AND 借阅册数 < 10 THEN '中等借阅'
        ELSE '高借阅'
    END AS 借阅活跃度分类,
    CASE
        WHEN 预约次数 is null  THEN '无预约'
        WHEN 预约次数 < 4 THEN '极低预约'
        WHEN 预约次数 >= 4 AND 预约次数 < 11 THEN '低预约'
        WHEN 预约次数 >= 11 AND 预约次数 < 28 THEN '中等预约'
        ELSE '高预约'
    END AS 预约活跃度分类
        INTO 读者活跃度标签
FROM [dbo].[年粒度三表标签综合分析]
```

167

2. 数据记录选择

我们根据读者的入馆、借阅和预约行为将数据进行处理,划分为以下5个数据集进行聚类分析。

数据集1:包括有入馆、有借阅、有预约行为的读者;

数据集2:包括有入馆、无借阅、无预约行为的读者;

数据集3:包括有入馆、有借阅、无预约行为的读者;

数据集4:包括有入馆、无借阅、有预约行为的读者;

数据集5:包括无入馆行为的读者。

3. 建立聚类模型

(1)数据流图构建。

读者活跃度聚类模型数据流,如图6-21所示。

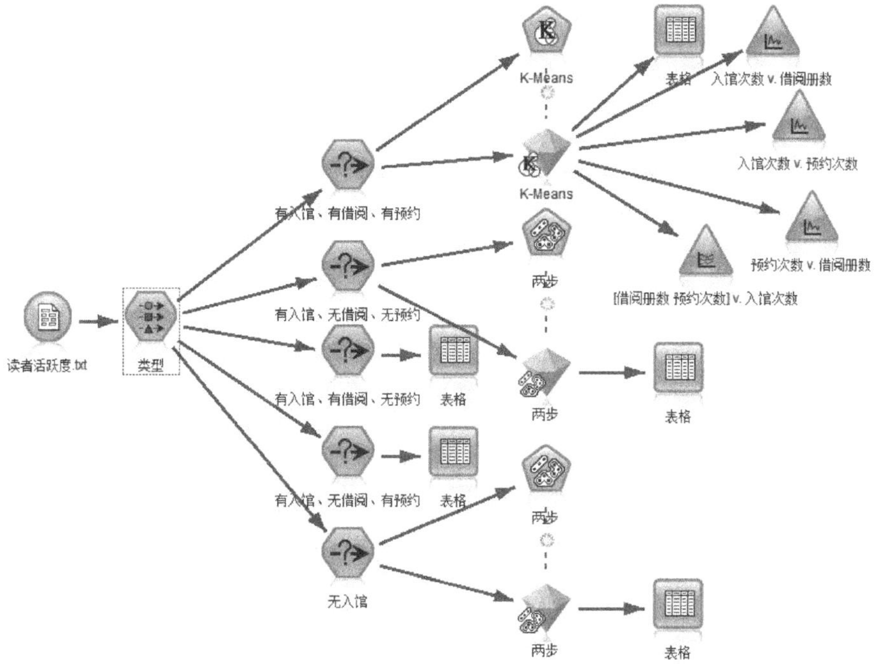

图6-21　读者活跃度聚类模型数据流

图6-21数据流主要包括以下节点。

数据导入节点：用于导入包含读者活跃度信息的数据集。

类型选择节点：对导入的数据进行初步清洗和筛选，确保数据类型正确且完整。

记录选择节点：根据前述分析，此节点将根据入馆情况、借阅情况和预约情况对数据进行不同处理。

K-Means模型节点：对于有入馆、有借阅、有预约的读者数据，应用K-Means聚类算法对读者入馆次数、借阅册数和预约次数这三个字段进行聚类分析，以探索不同群体的特征和行为模式。

两步聚类模型节点：对于有入馆、无借阅、无预约的读者数据，我们应用两步聚类算法进行聚类分析，通过人口属性字段、读者流通类型、专业、年级等因素和入馆活跃度将其分为不同群体，以探索不同群体的特征和行为模式；对于无入馆的读者数据，应用两步聚类法进行聚类分析，通过人口属性字段、读者流通类型、专业和年级等因素将其分为不同群体。

结果呈现表节点：用于呈现聚类分析的结果，展示不同群体的特征和行为模式。

结果输出和应用：通过添加结果输出节点，将模型的结果输出为所需的格式，如报表、图表、数据文件等。

（2）有入馆、有借阅、有预约行为读者聚类模型构建。

数据选择。通过数据流图中的记录选择节点，筛选有入馆、有借阅和有预约的读者数据，其模式满足以下条件：入馆活跃度分类 /= "无入馆" and 借阅活跃度分类 /= "无借阅" and 预约活跃度分类 /= "无预约"。单击"确定"选择节点，如图6-22所示。

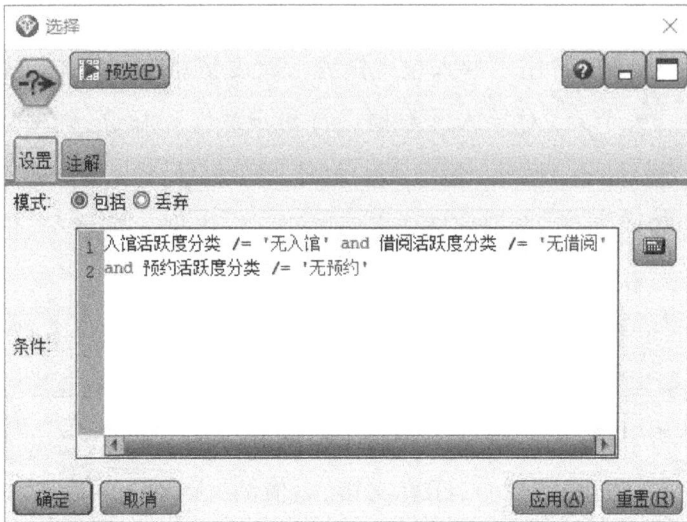

图6-22 有入馆、有借阅、有预约读者的数据选择

在记录选择节点中,可以添加多个条件,每个条件使用 AND 或 OR 进行连接。在条件设置时,可以通过下拉菜单选择对应的字段(如入馆活跃度分类、借阅活跃度分类和预约活跃度分类)和运算符(如不等于)构建条件语句。通过这样的数据选择操作,我们可以根据读者的入馆、借阅和预约情况,筛选出活跃度较高的读者数据,用于后续的数据分析和建模。

聚类因素:利用读者入馆次数、借阅册数和预约次数这三个字段进行聚类分析。

聚类方法:选择 K-Means 算法,以识别不同群体的行为模式和特征。

(3)有入馆、无借阅、无预约行为读者聚类模型构建。

数据选择:通过数据流图中的记录选择节点,筛选有入馆、无借阅和无预约的读者数据,其模式满足以下条件:入馆活跃度分类 /= "无入馆" and 借阅活跃度分类 = "无借阅" and 预约活跃度分类 = "无预约"。

聚类因素:利用人口属性字段,包括性别、读者流通类型、专业、年级等因素和入馆活跃度将其分为不同群体。

聚类方法：选择两步聚类算法，以识别不同群体的行为模式和特征。

（4）有入馆、有借阅、无预约行为读者聚类模型构建。

数据选择：通过数据流图中的记录选择节点，筛选有入馆、有借阅和无预约的读者数据，其模式满足以下条件：入馆活跃度分类 /=" 无入馆" and 借阅活跃度分类 /=" 无借阅" and 预约活跃度分类 =" 无预约"。

由于数据选择只有 10 条记录，所以不对有入馆、有借阅、无预约行为读者作聚类分析，而是直接设置标签。

（5）有入馆、无借阅、有预约行为读者聚类模型构建。

数据选择：通过数据流图中的记录选择节点，筛选有入馆、无借阅和有预约的读者数据，其模式满足以下条件：入馆活跃度分类 /=" 无入馆" and 借阅活跃度分类 =" 无借阅" and 预约活跃度分类 /=" 无预约"。

由于数据选择没有该类型读者的数据记录，所以不对具有有入馆、无借阅、有预约行为的读者进行聚类分析。因此，可以推断：只有有入馆和有预约图书馆座位的读者才可能具有借阅行为。

（6）无入馆行为读者聚类模型构建。

数据准备：通过数据流图中的记录选择节点，筛选无入馆的读者数据，其模式满足以下条件：入馆活跃度分类=" 无入馆"。

聚类因素：利用人口属性字段，包括性别、读者流通类型、专业和年级这四个字段进行聚类分析。性别可以作为一个因素来划分群体，不同性别的无入馆读者可能有不同的阅读偏好和兴趣。读者流通类型可以反映无入馆读者的借阅需求和目的，例如，一些读者可能是本科生，而另一些读者可能是硕士生。专业会对其特征产生影响，不同专业的学生可能会有不同的信息需求和阅读偏好。年级可以反映无入馆读者的学术水平和阅读需求的变化，不同年级的学生可能会有不同的阅读特点和需求。

聚类方法：选择两步聚类算法，通过对这四个字段进行聚类分析，得到不同特征的无入馆读者群体。

4.聚类结果与分析

（1）有入馆、有借阅、有预约行为读者聚类结果。

①模型概要及评估。在建立好聚类模型后，点击"运行"查看聚类模型的概要与聚类大小，如图6-23所示。

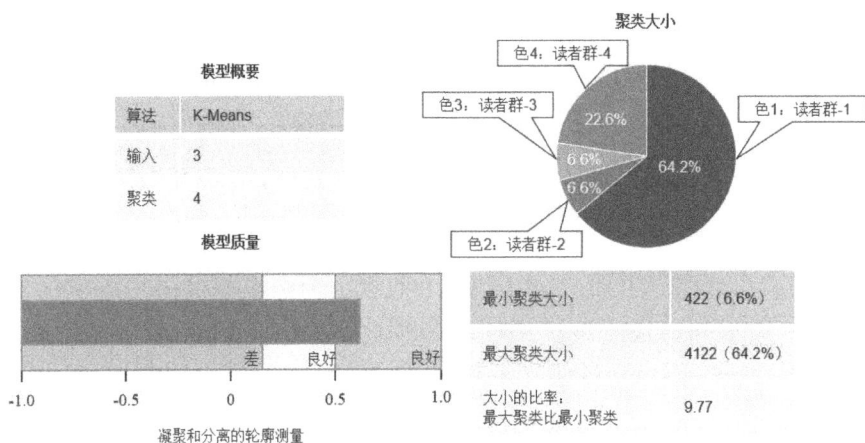

图6-23　有入馆、有借阅、有预约行为读者活跃度聚类模型——概要与聚类大小

模型概要主要包括以下内容。

算法名称：显示所使用的聚类算法，如K-Means算法。

输入变量数目：展示用于聚类分析的输入变量或特征数量，显示输入变量是3个。

聚类个数：显示模型将数据分成的聚类个数，有助于了解不同群体的特征，显示聚类结果是4个。

聚类质量：包括轮廓系数等指标，用于评估聚类的质量，较高的轮廓系数代表聚类质量较好。这里轮廓系数>0.5，显示聚类质量良好。

模型聚类大小主要显示各聚类群体的比例分布。根据聚类分析结果可见，读者群1是最大的群体，在整个读者群体中占主导地位，占比为64.2%。而读者群2和读者群3则相对较小，占比相同，均为6.6%。读者群4占比为22.6%，呈现出与其他群体的明显差异。最大聚类与最小聚类的值为9.77。

②设置标签。根据有入馆、有借阅、有预约行为读者活跃度聚类模型结果,得到以下均值数据:

读者群-1:平均入馆次数为37.89次,平均借阅册数为5.72册,平均预约次数为8.79次。

读者群-2:平均入馆次数为311.56次,平均借阅册数为14.38册,平均预约次数为90.75次。

读者群-3:平均入馆次数为94.72次,平均借阅册数为37.21册,平均预约次数为18.80次。

读者群-4:平均入馆次数为152.11次,平均借阅册数为7.36册,平均预约次数为36.50次。

基于这些数据,我们可以将各类群分别设置标签:休闲阅读族(读者群-1)、多元资源利用族(读者群-2)、高频借书族(读者群-3)及专注空间利用学习族(读者群-4),并对其各自的特征进行描述,如图6-24所示。

输入（预测变量）重要性

1.0 0.8 0.6 0.4 0.2 0.0

聚类	读者群-1	读者群-2	读者群-3	读者群-4
标签	休闲阅读族	多元资源利用族	高频借书族	专注空间利用学习族
描述	入馆次数低 借阅册数低 预约次数低	入馆次数最高 借阅册数较低 预约次数最高	入馆次数较高 借阅册数最高 预约次数低	入馆次数高 借阅册数较低 预约次数较高
大小	64.2% (4122)	6.6% (422)	6.6% (426)	22.6% (1453)
输入	借阅册数 5.72	借阅册数 14.38	借阅册数 37.21	借阅册数 7.36
	入馆次数 37.89	入馆次数 311.56	入馆次数 94.72	入馆次数 152.11
	预约次数 8.79	预约次数 90.75	预约次数 18.80	预约次数 36.50

图6-24　有入馆、有借阅、有预约行为读者活跃度聚类模型——各类群结果

休闲阅读族(读者群-1):这个群体阅读相对轻松,他们的入馆次数低,借阅书籍数量少,对预约座位进行学习的需求也不是很强烈。他们更多是在图书馆内进行休闲阅读或浏览书籍,享受放松的时光。

多元资源利用族(读者群-2):这个群体的特征是频繁进入图书馆,几乎每天都在图书馆中度过,同时借阅书籍的数量和预约座位的次数都较高。相对于其他群体,他们更倾向于利用图书馆提供的各种服务和资源。在入馆次数、借阅册数和预约次数都显示出较高的值,表明他们在图书馆的活跃度非常高。

高频借书族(读者群-3):这个群体的特征是进入图书馆的次数适中,借阅的书籍数量最多。他们可能是热爱阅读的书虫,进入图书馆主要是为了借阅图书,满足自己的求知欲。此外,他们偶尔会预约座位学习或现场阅读。

专注空间利用学习族(读者群-4):这个群体的入馆次数较高,借阅书籍的数量不算多。然而,他们偏爱通过在图书馆预约座位来专心学习,更专注于深入研究或备考。

③读者群间比较。有入馆、有借阅、有预约行为读者活跃度聚类模型各类群结果比较,如图6-25所示。由于入馆次数、借阅册数及预约次数是连续型变量,比较图应使用箱线图,可以清晰展示各类别指标所处的区间。图6-25展示了入馆次数、借阅册数和预约次数这3个连续型变量的指标值所处区间。通过比较,我们可以清晰地看到不同类别读者群体之间的差异并总结得到以下特征。

休闲阅读族(读者群-1):在入馆次数、借阅册数和预约次数都处于低水平。

多元资源利用族(读者群-2):在入馆次数、预约次数都显示出最高水平;借阅册数也较高,表明他们在图书馆的活跃度非常高。

高频借书族(读者群-3):在入馆次数和预约次数方面处于中等水平,但借阅册数表现出最高水平,显示出他们借阅图书的明显特征。

专注空间利用学习族(读者群-4):在入馆次数和预约次数上的值相对处于较高水平,但在借阅册数上处于较低水平,显示出他们更倾向于预约所需的学习座位。

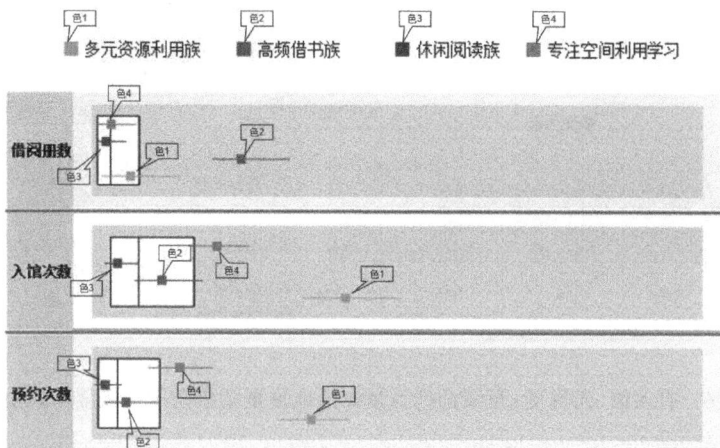

图6-25 有入馆、有借阅、有预约行为读者活跃度聚类模型——各类群结果比较

根据聚类比较图,我们可以更好地了解不同类别读者群体在入馆活跃度方面的差异,对图书馆提供个性化的服务和推广策略具有指导意义。比如,针对高频借书族,图书馆可以加强新书推荐和采购,以满足他们对各类书籍的需求。对于多元资源利用族,图书馆可以进一步提供丰富的资源和学习空间,鼓励他们深入地探索不同领域。对于专注空间利用学习族,图书馆可以优化座位预约和提供更多学习辅导资源等支持服务。对于休闲阅读族,图书馆可以为他们创造更多的休闲阅读区域和举办相关活动,提供轻松愉快的阅读环境。

(2)有入馆、无借阅、无预约行为读者聚类结果。

①模型概要及评估。

在建立好聚类模型后,点击"运行"查看聚类模型的概要与聚类人小,如图6-26所示。

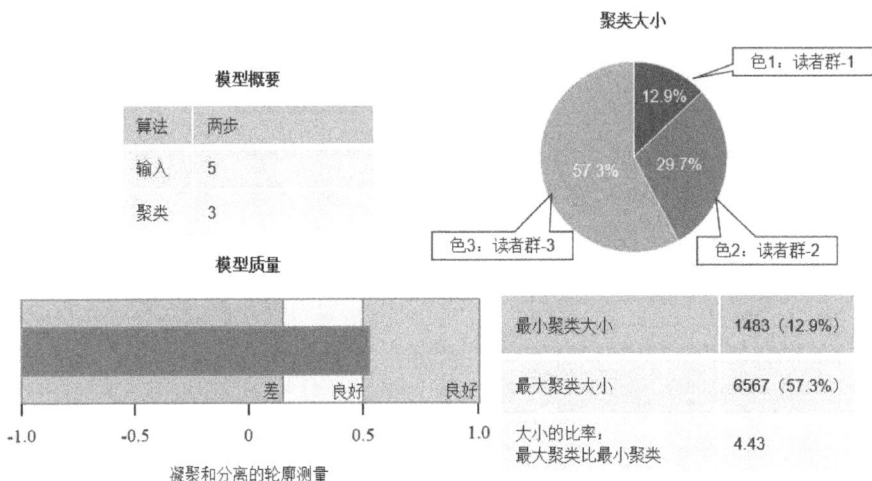

图 6-26　有入馆、无借阅、无预约行为读者活跃度聚类模型——概要与聚类大小

模型概要主要包括以下内容。

算法名称：显示所使用的聚类算法，如两步聚类算法。

输入变量数目：展示用于聚类分析的输入变量或特征数量，显示输入变量是 5 个。

聚类个数：显示模型将数据分成的聚类个数，有助于理解不同群体的特征，显示聚类结果是 3 个。

聚类质量：包括轮廓系数等指标，用于评估聚类的质量，较高的轮廓系数代表聚类质量较好。这里轮廓系数>0.5，显示聚类质量良好。

模型聚类大小主要显示各聚类群体的比例分布。根据聚类分析结果可见，读者群-3 是最大的群体，在整个读者群体中占主导地位，占比为 57.3%。而读者群-1 和读者群-2 则相对较小，占比相同，分别为 12.9%、29.7%。最大聚类与最小聚类的比值为 4.43。

②设置标签。根据有入馆、无借阅、无预约行为读者活跃度聚类模型结果，得到以下数据：

读者群-1：统招硕士占比 96.9%，研二年级占比 36.5%，女性占比

64.9%，化学专业占比9.3%，入馆活跃度分类中极低入馆占比39.0%。

读者群-2：本科生占比100%，大一年级占比34.2%，男性占比99.3%，软件工程专业占比6.4%，入馆活跃度分类中极低入馆占比38.2%。

读者群-3：本科生占比100%，大一年级占比28.6%，女性占比100%，数学与应用数学专业占比6.4%，入馆活跃度分类中低入馆占比29.4%。

由于这些人群都只有进入图书馆的行为，并不进行借阅书籍或预约座位的行为，同时结合聚类结果，我们将各类群分别设置标签：硕士女性休闲族（读者群-1）、本科男性休闲族（读者群-2）、本科女性休闲族（读者群-3），并对其各自的特征进行描述，如图6-27所示。

硕士女性休闲族（读者群-1）：这个群体主要由统招女性硕士学生组成，专业方向集中在理工类领域。

本科男性休闲族（读者群-2）：这个群体主要由男性本科学生组成，专业方向主要集中在理工类领域，并且以低年级学生较多。

本科女性休闲族（读者群-3）：这个群体主要由本科学生组成，全部为女性，专业方向主要集中在理工类领域，并且以低年级学生为主。

输入（预测变量）重要性

■1.0■0.8■0.6■0.4■0.2□0.0

聚类 标签	读者群-1 硕士女性休闲族	读者群-2 本科男性休闲族	读者群-3 本科女性休闲族
描述	统招硕士 女性 理工类专业	本科 男性 理工类专业 低年级	本科 女性 理工类专业 低年级
大小	12.9% (1483)	29.7% (3403)	57.3% (6567)
输入	读者流通类型 统招硕士 (96.9%)	读者流通类型 本科生 (100.0%)	读者流通类型 本科生 (100.0%)
	年级 研二 (36.5%)	年级 大一 (34.2%)	年级 大一 (28.6%)
	性别 女 (64.9%)	性别 男 (99.3%)	性别 女 (100.0%)
	专业 化学 (9.3%)	专业 软件工程 (6.4%)	专业
	入馆活跃度分类 极低入馆 (39.0%)	入馆活跃度分类 极低入馆 (38.2%)	入馆活跃度分类 低入馆 (29.4%)

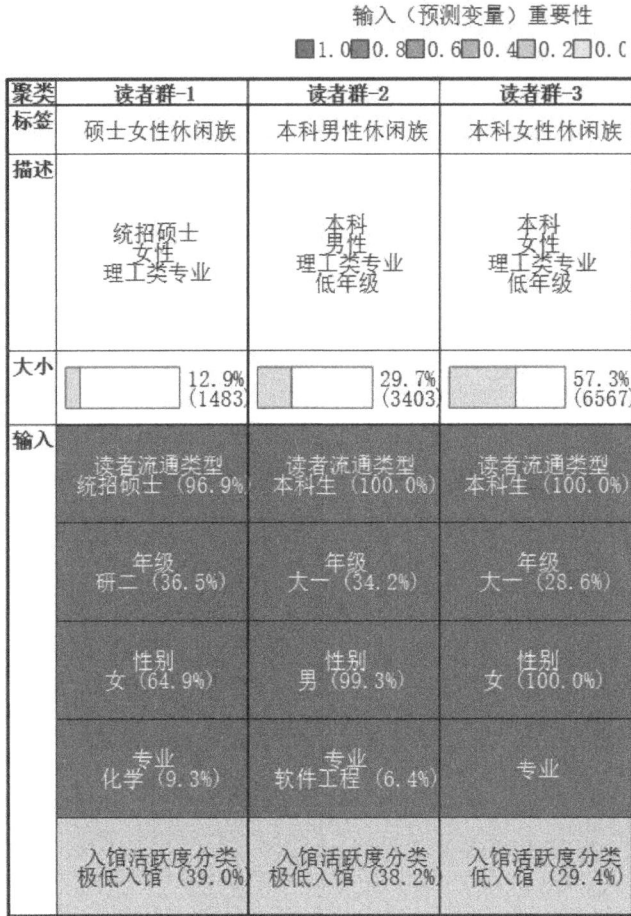

图6-27　有入馆、无借阅、无预约行为读者活跃度聚类模型——各类群结果

③读者群间比较。有入馆、无借阅、无预约行为读者活跃度聚类模型各类群结果比较,如图6-28所示。由于读者流通类型、年级、性别和年级这四个字段是名义型变量,比较图应使用散点图,可以清晰展示各类别指标的众数值。通过比较,我们可以清晰地看到不同类别群体之间的差异并总结得到以下特征。

对于硕士女性休闲族(读者群-1):研二年级是最常见的年级,化学是最常见的专业,极低入馆。

对于本科男性休闲族(读者群-2):大一是最常见的年级,软件工程是最常见的专业,极低入馆。

对于本科女性休闲族(读者群-3):大一是最常见的年级,数学与应用数学是最常见的专业,低入馆。

从上述分析可以得出有入馆、无借阅、无预约行为读者,入馆活跃度都不高。

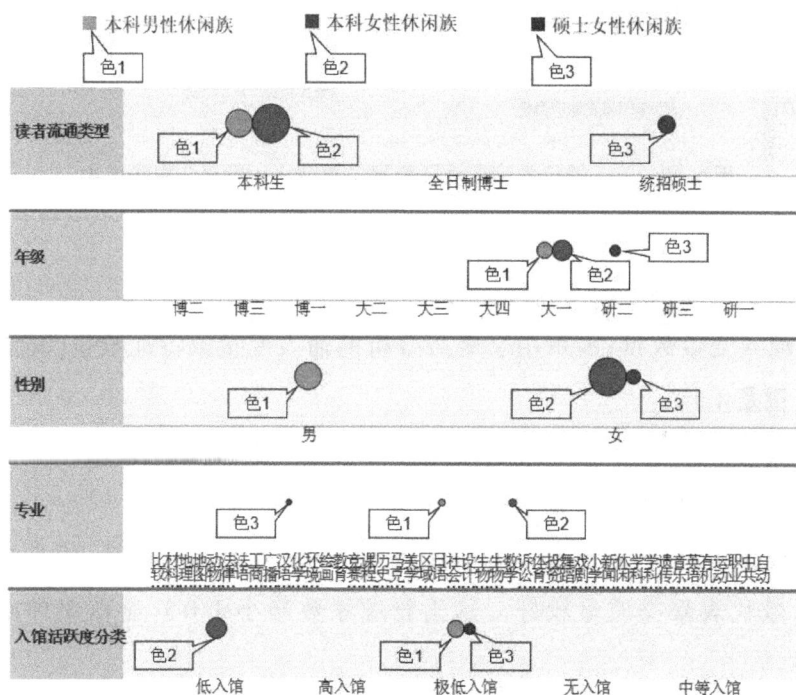

图6-28 有入馆、无借阅、无预约行为读者活跃度聚类模型——各类群结果比较

(3)无入馆行为读者聚类结果。

①模型概要及评估。在建立好聚类模型后,点击"运行"查看聚类模型的概要与聚类大小,如图6-29所示。

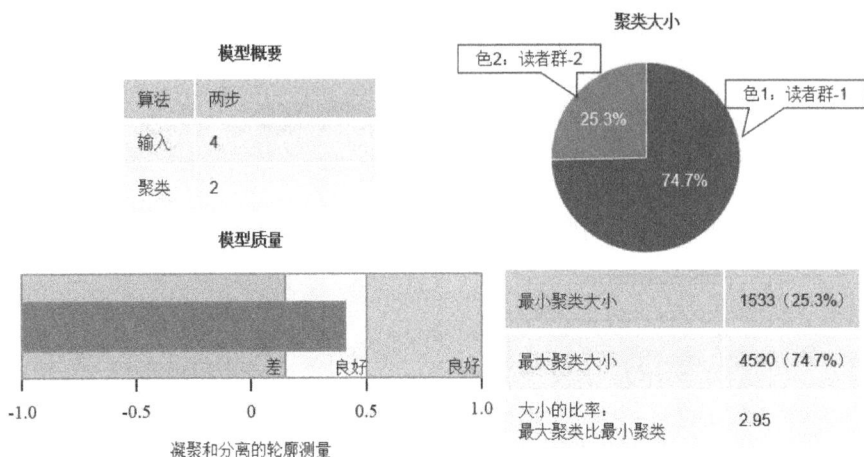

图6-29　无入馆行为读者活跃度聚类模型——概要与聚类大小

模型概要主要包括以下内容。

算法名称:显示所使用的聚类算法,如两步聚类算法。

输入变量数目:展示用于聚类分析的输入变量或特征数量,显示输入变量是4个。

聚类个数:显示模型将数据分成的聚类个数,有助于理解不同群体的特征,显示聚类结果是2个。

聚类质量:包括轮廓系数等指标,用于评估聚类的质量,较高的轮廓系数代表聚类质量较好。这里轮廓系数略小于0.5,显示聚类质量良好。

模型聚类大小主要显示各聚类群体的比例分布。根据聚类分析结果可见,读者群-1占无入馆行为人数中的74.7%,共有4520位读者;读者群-2占25.3%,共有1533位读者。最大聚类与最小聚类的比值为2.95。

②设置标签。根据无入馆读者活跃度聚类模型结果,得到以下数据:

读者群-1:本科生占100%,其中大四年级学生占28.6%,主修软件工程的学生占3.8%,性别方面:女性占比50.4%。

读者群-2:统招硕士占93.3%,研三年级学生占39.5%,主修化学的学生占8.4%,性别方面:女性占比66.7%。

由于这些人群都没有进入图书馆的行为,基于聚类结果数据,我们将各类群分别设置标签:本科生无入馆(读者群-1)、硕士生无入馆(读者群-2),并对其各自的特征进行描述,如图6-30所示。

本科生无入馆(读者群-1):这个群体完全由本科生组成,其中女性占据相对较多,专业方向主要集中在理工类领域,且高年级学生所占比例较大。

硕士生无入馆(读者群-2):这个群体主要由统招硕士生构成,其中大多数为女性,专业方向主要集中在理工类领域,且高年级学生所占比例较大。

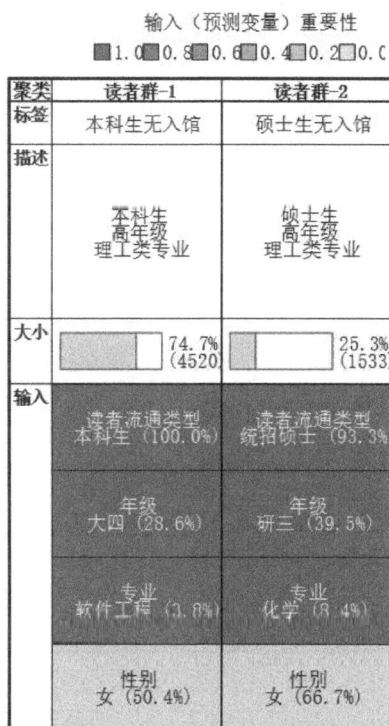

输入(预测变量)重要性
1.0 0.8 0.6 0.4 0.2 0.0

聚类	读者群-1	读者群-2
标签	本科生无入馆	硕士生无入馆
描述	本科生 高年级 理工类专业	硕士生 高年级 理工类专业
大小	74.7%(4520)	25.3%(1533)
输入	读者流通类型 本科生(100.0%)	读者流通类型 统招硕士(93.3%)
	年级 大四(28.6%)	年级 研三(39.5%)
	专业 软件工程(3.8%)	专业 化学(8.4%)
	性别 女(50.4%)	性别 女(66.7%)

图6-30 无入馆读者活跃度聚类模型——各类群结果

181

③读者群间比较。无入馆读者活跃度聚类模型各类群结果比较，如图6-31所示。由于读者流通类型、年级、性别和专业这四个字段是名义型变量，比较图应使用散点图，可以清晰展示各类别指标的众数值。通过比较，我们可以清晰地看到不同类别群体之间的差异并总结得到以下特征。

本科生无入馆（读者群-1）：这个群体主要由本科生组成，其中大四年级学生占28.6%，专业众数为软件工程。在性别上呈现一定的平衡，女性略多于男性。尽管他们没有入馆记录，但可以推断他们可能面临着毕业、就业或继续深造等决策，并可能更专注于专业实践、课程学习、毕业设计等事务。

硕士生无入馆（读者群-2）：这个群体主要由统招硕士组成，研三年级学生占39.5%，专业众数为化学。在性别上以女性为主。尽管他们没有入馆记录，但可以初步推测他们可能正处于撰写论文、毕业就业或准备博士入学的关键时期，因此他们可能更加专注于研究工作、学术交流和职业发展规划等事务。

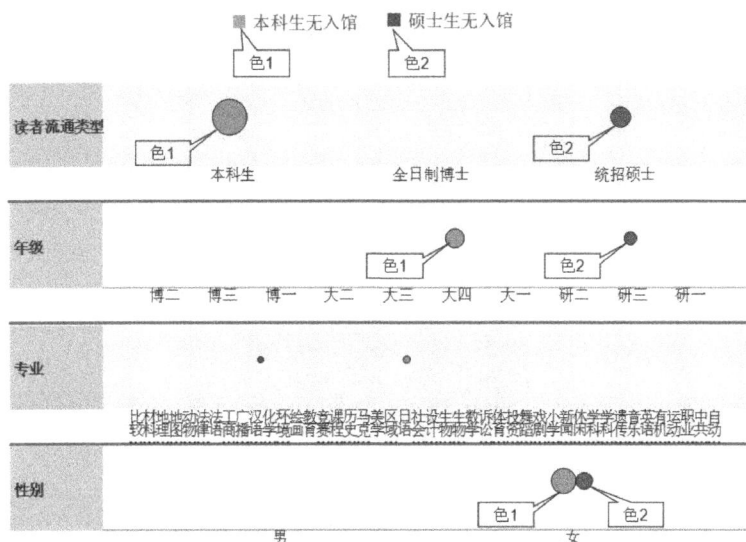

图6-31　无入馆读者活跃度聚类模型——各类群结果比较

5.活跃度画像聚类结果可视化

为了更清晰地展现各个聚类结果的画像,我们将聚类结果导出,并利用 Tableau 进行可视化展示。运用筛选查询的方法,我们可以分别展示每个聚类结果的画像,并且通过查询个人结果画像来获取更具体的信息。先将聚类结果导出为一个数据集,其中包含每个数据点的特征和对应的聚类标签。再将此数据集导入 Tableau 进行处理和可视化。在 Tableau 中,可以利用各种图表和图形展示不同聚类结果的画像。例如,可以使用散点图或气泡图来呈现不同聚类结果在特征空间中的分布情况;通过设置颜色、形状或大小以表示不同聚类标签,可以直观地展示数据的聚类结果。此外通过在 Tableau 中设置筛选条件,可以仅显示某个或某些特定聚类标签的数据,从而突出展示相关群体的特征。针对个人结果画像的查询,可以通过输入个人特定的属性或标识,找到对应的数据并展示其特征。这样可以得到针对个人的详细信息,并进一步分析个人与其他聚类结果之间的差异性和相似性。

(1)读者群画像。

用户画像中的读者群画像旨在描述不同类型读者的特征和行为习惯。前文对安徽师范大学图书馆 2018—2019 学年不同活跃度的读者进行了聚类分析,这里以其中 6423 名有入馆、有借阅、有预约座位读者活跃度的挖掘分析结果为例,结合读者的流通类型、学院和专业等属性,对不同群体读者画像进行可视化呈现。这些读者群画像有助于图书馆更好地了解不同的读者群体,使其能够制定更有效、更精准的阅读推广策略和计划,以满足不同类型读者的需求。通过提供针对性的服务和资源推荐,图书馆可以更好地满足各类读者的需求,从而提升服务质量,促进阅读文化的传播和发展。

①休闲阅读族。

图 6-32 展示了休闲阅读族读者群画像。该类型读者主要由大一、

研一和博一的学生组成,他们是图书馆中的休闲阅读爱好者,倾向于在图书馆中度过轻松愉快的时光,享受阅读带来的乐趣。尽管他们入馆次数较少,借阅册数也有限,但对图书馆的环境和氛围有着特殊偏好。从所属学院构成来看,文学院占比最高,紧随其后是经济管理学院、地理与旅游学院和法学院。从所属专业构成来看,思想政治教育、汉语言文学和法学等专业占比较高等。

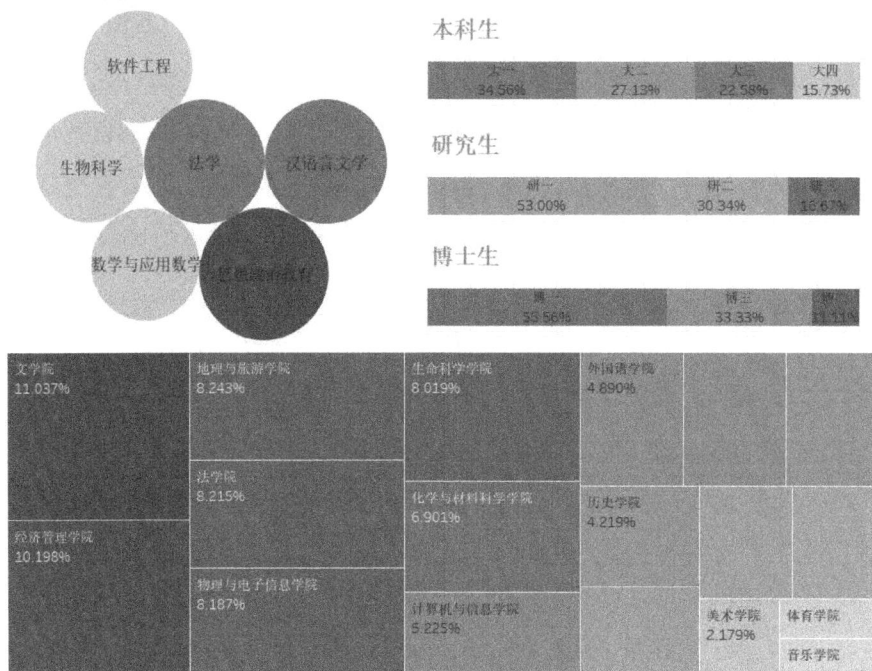

图 6-32　休闲阅读族读者群画像

②多元资源利用族。

图 6-33 展示了多元资源利用族读者群画像。该类型读者构成情况显示,本科生中以大三学生占比最高,研究生中主要为研二学生,博士生则以博一和博二学生占比最高。从所属学院构成来看,文学院占比最高,紧随其后的是经济管理学院、物理与电子信息学院。从所属专业

构成来看,教育学、中国语言文学、汉语言文学(非师范)等专业占比较高。

多元资源利用族

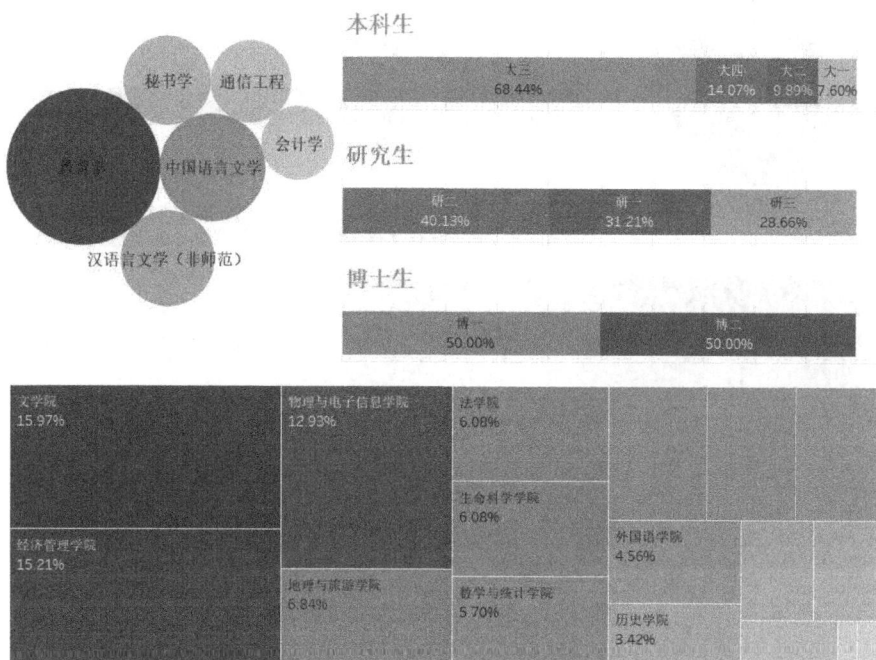

图6-33 多元资源利用族读者群画像

③高频借书族。

图6-34展示了高频借书族读者群画像。该类型读者构成情况显示,在本科生中,大二学生占比最高;研究生中,以研一学生为主;而在博士生中,则以博一学生居多。从所属学院组成来看,文学院学生占比最高,紧随其后是历史学院、法学院。从所属专业构成来看,中国语言文学、汉语言文学、汉语言文学(非师范)、历史学等专业占比较高。

高频借书族

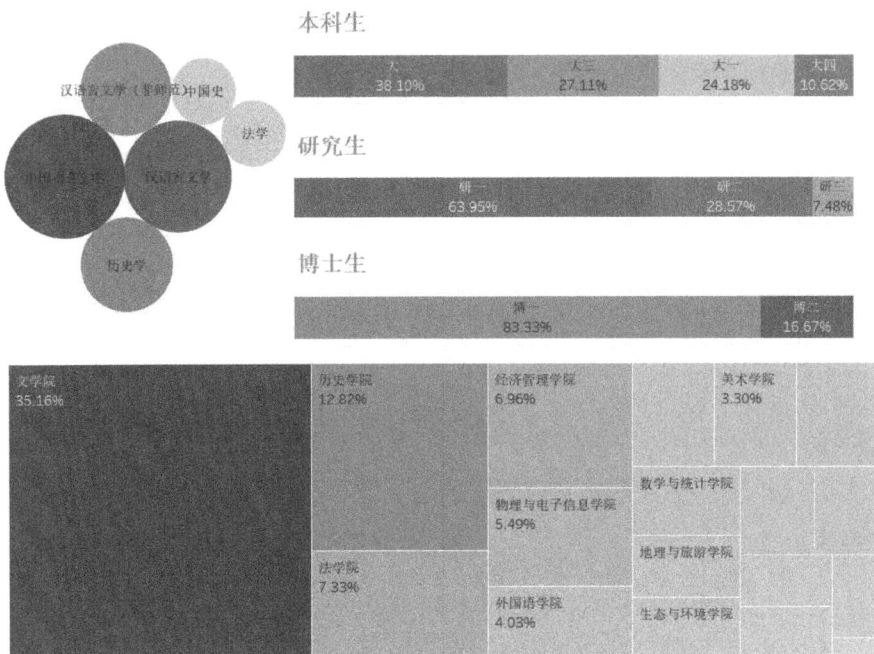

图6-34　高频借书族读者群画像

④专注空间利用学习族。

图6-35展示了专注空间利用学习族读者群画像。该类型读者构成情况显示,在本科生中,大三学生占比最高;研究生中,研一学生占比最高;而在博士生中,博二和博三学生占比最高。从所属学院组成来看,法学院占比最高,紧随其后是经济管理学院、地理与旅游学院。从所属专业构成来看,法学、数学与应用数学、历史学、物理学等专业占比较高。

专注空间利用学习族

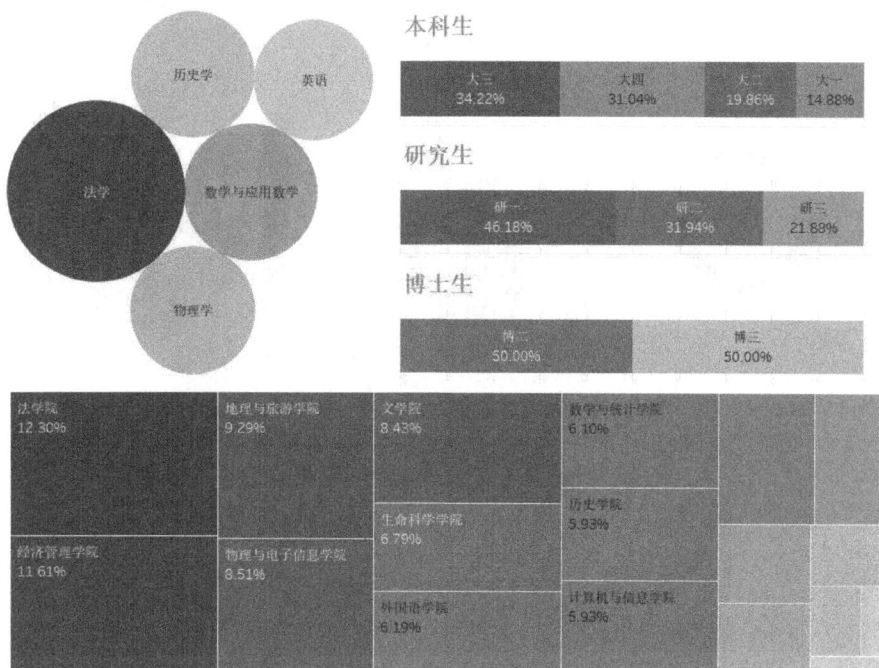

图 6-35 专注空间利用学习族读者群画像

（2）读者个人画像。

图 6-36 展示了读者记录号为"010002"的读者个体画像。该读者是一名教育学专业研一年级女生。2018—2019 学年,她共借阅了 14 本图书,共进入图书馆 262 次。在 104 天的预约座位记录中,有 8 天进行了图书借阅。因此,她属于高借阅、高入馆、高预约的多元资源利用族读者。

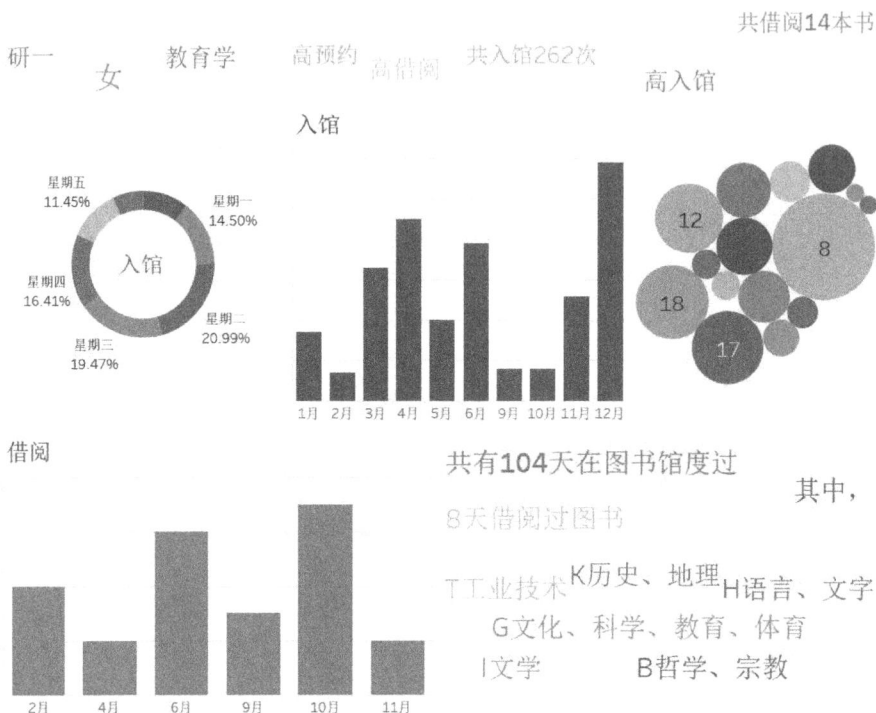

研一　女　教育学　高预约　高借阅　共入馆262次　共借阅14本书

入馆　高入馆

借阅　共有104天在图书馆度过　其中，

8天借阅过图书

T工业技术　K历史、地理　H语言、文字
G文化、科学、教育、体育
I文学　　　B哲学、宗教

图6-36　读者个人画像

在时间偏好方面,这位读者在校期间每月都有进入图书馆的记录。在学期初和学期末,她进入图书馆的频率较高,并且借阅图书也主要集中在这两个时间段。以周为粒度的分析显示,她在星期二入馆的次数较多,而在周末入馆的次数较少,表明她主要在工作日使用图书馆。在一天的时段中,她在8点、17点和18点进入图书馆比较频繁,这反映出她通常在早上和下午这两个时间段利用大段时间学习。

在图书馆类别偏好方面,除了借阅教育学相关的文科类书籍外,作为一名教育学专业的学生,她还借阅了工业技术类的图书,说明她的阅读范围比较广泛。

6.7.3 图书关联分析

高校图书馆的服务对象主要是校内学生群体。由于学生所学专业和培养类别的差异,导致他们的阅读需求和喜好也不尽相同。有些学科需要广泛涉猎大量文献以增加知识积累,而有些学科则要求深入研究本专业领域。此外,本科生和硕士生在借阅行为上也存在差异。这种专业性质和培养类别上的差异能够从读者的借阅行为中清晰展现。因此,从专业角度和培养类别的角度对读者的阅读偏好进行分析是非常必要的。

本小节旨在探索以下四个方面的关联关系,分别是:读者所属专业与借阅的图书类目之间的联系;读者所属培养类别与借阅的图书类目之间的联系;图书类目之间的联系;图书书目之间的联系。

1.数据预处理

在关联规则挖掘中,首先需要生成关联规则挖掘的事务号,即学生一次借阅的唯一记录标识。在本小节中,我们将这个事务号命名为"借阅单号"。首先,选择读者学工号的前五位、操作日期和读者学工号的后五位的组合,生成了"借阅单号"字段;其次,从索书号中取出前两位字符,生成"图书二级分类"字段;最后,进行条件筛选,保留"流通操作类型"为"借出"的记录。以下是对读者借阅分析事实表进行处理生成图书关联分析表的SQL语句。

SELECT

CONCAT(SUBSTRING(读者学工号, 1, 5),操作日期, SUBSTRING(读者学工号, 6, 5)) AS 借阅单号,SUBSTRING(索书号, 1, 2) AS 图书二级分类,[读者流通类型],[专业],[题名]

INTO 图书关联分析

FROM [dbo]. [读者借阅分析事实表]

WHERE 流通操作类型 = '借出'

在 SQL 数据处理后,生成了包含借阅单号和图书二级类别的数据,用于进行图书关联分析的部分数据,如表6-5所示。

表6-5　图书关联规则分析表

借阅单号	图书二级分类	读者流通类型	专业	题名
171112019052730505	TP	本科生	自动化	计算机图形学
171112019052750502	TU	本科生	城乡规划	旧城改建与文化传承
171112019052760301	F4	本科生	会计学	工匠精神 开启中国精造时代
171112019052760301	F4	本科生	会计学	苹果式营销
171112019052760304	O4	本科生	数学与应用数学	相对论导引
171112019052760304	O4	本科生	数学与应用数学	相对论时空

2.建立关联模型

(1)数据流图构建。

图书关联模型数据流,如图6-37所示。

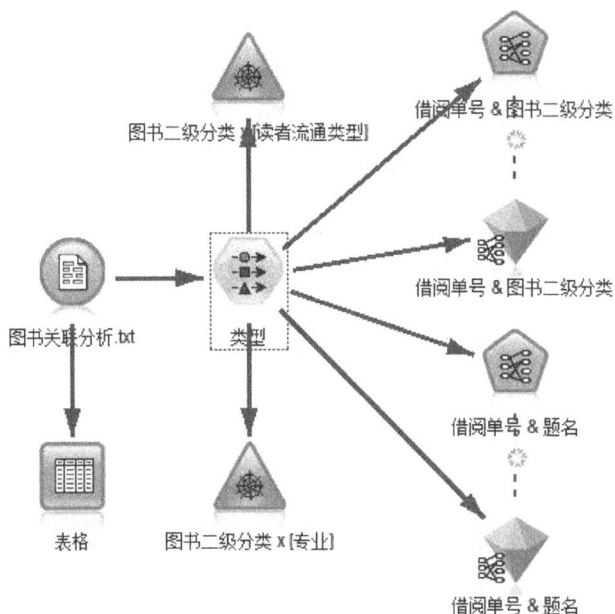

图6-37　图书关联模型数据流

图6-37数据流主要包括以下节点：

数据导入节点：用于导入图书关联分析的数据集。

网络图节点：共2个，分别用于分析读者所属专业与借阅的图书类目之间的联系，以及读者的培养类别与借阅的图书类目之间的联系。

Apriori关联规则模型节点：共2个，分别用于分析图书类目之间的相关性、图书书目之间潜在的关联关系。

（2）读者所属专业与借阅的图书类目之间的联系。

建模时选择建立网络图模型，模型中选择导向网络模式，并且设置源字段为"专业"，目标字段为"图书二级分类"；可显示的最大链接数：80；链接大小：链接大小显示强/正常/弱类别。

通过调整网络图的强链接和弱链接参数，可以揭示读者专业与图书类目之间关系的变化机制，深入探究它们之间的关联规律。在这个过程中，我们定义了弱链接和强链接的阈值。弱链接的阈值是一个数字，用以区分弱连接（虚线）与常规连接（普通线条），所有低于该值的链接都被视为弱链接；而强链接的阈值也是一个数字，用以区分强链接（粗线）与常规链接（普通线条），所有高于该值的链接都被视为强链接。例如，设定模型中强链接的下限为800，弱链接的上限为120，如图6-38所示；另外设定强链接的下限为2 200，弱链接的上限为100，如图6-39所示。在图中，当鼠标悬停在任何一条关联线上时，可以清晰看到该线条所代表的两者之间的关联数目。

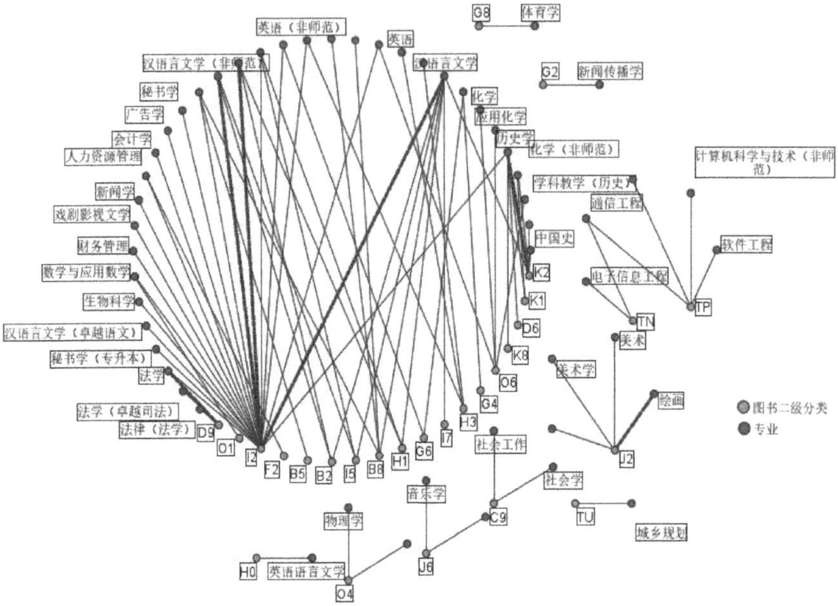

强链接下限：800   弱链接上限：120

图 6-38　读者专业与图书类别关联模型

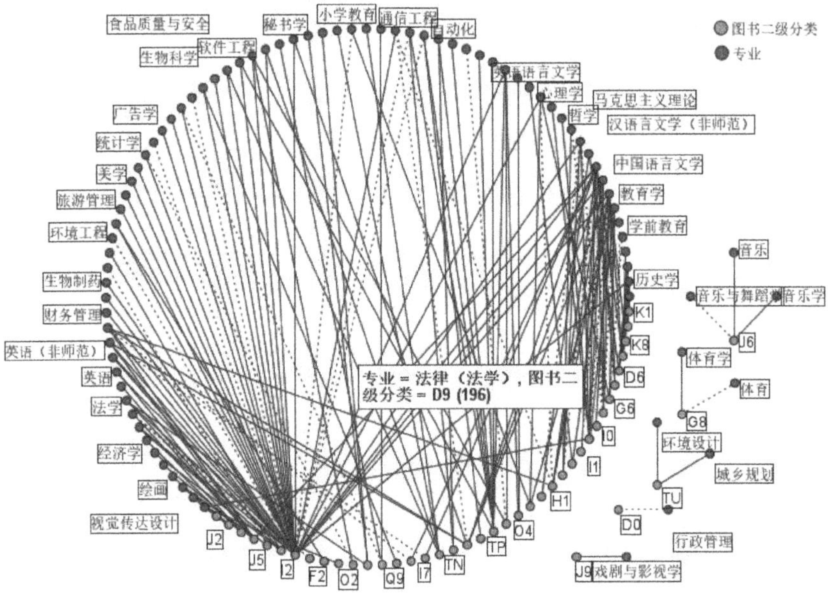

强链接下限：2 200   弱链接上限：100

图 6-39　读者专业与图书类别关联模型

（3）读者所属培养类别与借阅的图书类目之间的联系。

建模时选择建立网络图模型，模型中选择导向网络模式，并且设置源字段为"读者流通类型"，目标字段为"图书二级分类"；可显示的最大链接数：80；链接大小：链接大小显示强/正常/弱类别。

通过调整网络图的强链接和弱链接参数，可以揭示读者培养类别与图书类目之间关系的变化机制，深入探究它们之间的关联规律。在这个过程中，如图6-40所示，将强链接的下限设定为7000，弱链接的上限设定为300；同时设定强链接的下限为7000，弱链接的上限为2000。通过这样的设定，能够清晰展现出不同类别之间的联系强度。

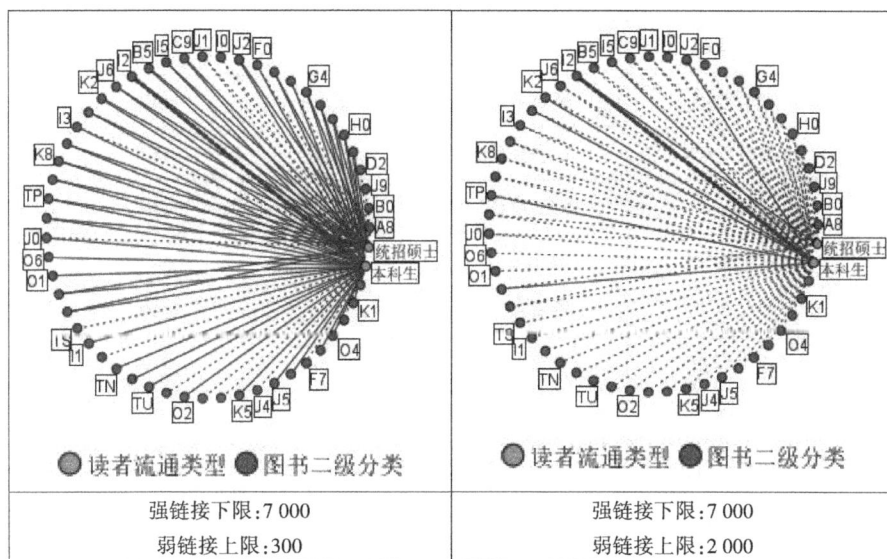

图6-40　读者培养类别与图书类别关联模型

（4）图书类目之间的联系。

对图书流通数据中各种图书的类别之间的关联分析，可以从宏观层面反映读者借阅的各类别图书之间的关系，为图书馆的馆藏资源和馆藏空间布局提出具体建议。

建模时选择Apriori算法，并设置事务格式（因为数据源是按照事务格式排列的），标识选择前述处理好的读者借阅图书的"借阅单号"、内容为"图书二级分类",构建图书关联模型数据流。在模型中不断实验，将各项参数调至最优：最低条件支持度30%，最小置信度设置为30%，最大前项数为3。在设置好参数后，挖掘分析得出232条关联规则,部分结果如表6-6所示。

表6-6 借阅图书类别间的关联规则挖掘部分结果

前项	后项	支持度	置信度
索书号 B2	索书号 K8	24%	41%
	索书号 K2	23%	38%
索书号 B2	索书号 H3	23%	35%
索书号 B5	索书号 I7	21%	31%
索书号 B8	索书号 K2	20%	33%
索书号 G4	索书号 H3	20%	45%
索书号 TP	索书号 O1	20%	43%
	索书号 I2	19%	43%
	索书号 H3	19%	35%
索书号 J2	索书号 I2	18%	37%
索书号 K2	索书号 K3	18%	55%
索书号 I7andI2	索书号 I3	17%	39%
索书号 O1 and TP	索书号 I2	15%	37%
索书号 TM and O4	索书号 O1	15%	36%
索书号 O1	索书号 I2	15%	36%

（5）图书书目之间的联系。

对图书流通数据中各种图书书目之间的关联规则分析,可以从微观层面反映读者所借阅的各种图书之间的关系,为图书馆的精准化阅读推荐服务提出相关建议。

建模时选择Apriori算法,并设置事务格式(因为数据源是按照事务

194

格式排列的），标识选择前述处理好的读者借阅图书的"借阅单号"、内容为"题名"，构建图书关联模型数据流。在模型中反复进行实验，将各项参数调至最优：最低条件支持度15%，最小置信度设置为30%，最大前项数为3。在设置好参数后，挖掘分析得出552条关联规则，具体结果如表6-7所示。

表6-7　借阅图书书目间的关联规则挖掘部分结果

前项	后项	支持度	置信度
实用原子光谱分析	高等原子分子物理学	26%	85%
	现代谱学	26%	80%
语法讲义	语法答问	26%	60%
芈月传贰	芈月传叁	24%	51%
楚辞论丛	诗三百篇探故	24%	40%
	诗经讲义稿	23%	40%
	汉魏六朝乐府诗评注	23%	40%
傅抱石谈中国画	傅抱石美术文集	23%	20%
	傅抱石绘画研究: 1949-1965	22%	20%
客厅里的绅士	西班牙主题变奏	22%	20%
	观点	22%	20%
文选	海子诗歌研究	20%	20%
	理智与情感	20%	20%
数学分析学习辅导Ⅱ——微分与积分	直觉模糊信息集成理论及应用	18%	47%
	基于语言信息的决策理论与方法	15%	45%

根据挖掘结果显示，学生在借阅了《实用原子光谱分析》后往往会借阅《高等原子分子物理学》和《现代谱学》这两本书。这表明对《实用原子光谱分析》感兴趣的学生对进一步学习相关领域的知识有需求。同样，借阅了《数学分析学习辅导Ⅱ——微分与积分》这本书的学生也

有可能借阅《直觉模糊信息集成理论及应用》和《基于语言信息的决策理论与方法》这两本书。这可能是因为学生在学习微分与积分的过程中,对相关的决策理论和应用产生了兴趣。

从题材上看,人文社科类图书的关联较多,包括经典著作和历史类图书。而自然科学类图书的关联较少,更多以专业课程类图书和基础学科图书为主。这可能是因为人文社科类图书在类别上更加细分,涵盖的范围更广泛。而自然科学类图书则更多地与学生的专业课程或基础学科相关。此外,对于理工类学生来说,借阅与自身专业相关的图书是较为常见的行为,可能是因为他们需要弥补课堂学习中知识深度不够的情况。工科类学生可能还需要借阅数学等基础学科的图书来进行辅助学习。

综上所述,通过挖掘借阅数据的结果可以看出,不同类别的学生在借阅图书时存在差异,人文社科类图书更受欢迎,而自然科学类图书的关联较少。这反映了学生们在借阅图书时对自己专业领域和兴趣领域的偏好。

3.关联结果与分析

(1)读者所属专业与借阅的图书类目之间的联系。

读者专业与图书类别关联模型图清晰地展现了各专业读者借阅图书类目的关联情况,得出以下两点结论。

第一,文学类书籍受众广泛。通过网络图可以清晰看出,文学类图书与大多数专业之间存在较强联系,显示出文学类图书受众广泛,不论是人文社科类学生还是理工类学生都频繁借阅。此外,可根据连线粗细程度推测汉语言文学、法学、思想政治教育和秘书学等专业的读者对文学类书籍偏爱程度最高。

第二,读者阅读偏好受专业影响。网络图表明,与各专业相关的图书类别通常与专业方向密切相关。例如,英语专业的读者不仅喜爱文学类书籍,还与语言文字类的H1、H3类图书联系密切;历史学和中国史专业的读者倾向阅读K2历史地理类图书;法学专业学生倾向阅读D9类图书;美术学和绘画专业学生倾向阅读J2类图书;音乐学专业读者与J6类图书联系紧密;计算机科学与技术、软件工程和物联网工程等专业的读者喜欢TP类图书;城乡规划专业的读者偏好TU类图书。总体而言,读者的阅读行为受专业影响较大,他们倾向选择与所学专业相关的书籍作为学习资料,同时也会选择文学类书籍作为休闲阅读材料。

（2）读者所属培养类别与借阅的图书类目之间的联系。

读者培养类别与图书类别关联模型图清晰地展现了本科生和统招硕士这两类读者借阅图书类目的关联情况,得出以下两点结论。

第一,本科生的阅读涵盖面较广。网络图清晰显示,本科生几乎与所有类别的图书相连,说明他们对不同领域的图书都有涉猎。与此同时,统招硕士倾向于阅读与自身专业相关的书籍,较少借阅与专业无关的图书。

第二,本科生对多样化阅读有较高兴趣。本科生倾向于涉猎各种图书类目,显示出他们对多元知识的渴求和开放的学习态度。相比之下,统招硕士更注重专业领域的深入学习,倾向于选择与自身专业相关的书籍作为主要阅读材料。

（3）图书类目之间的联系。

采用Apriori关联规则算法挖掘借阅图书类目间的关联规则挖掘结果来看,主要有以下三种。

第一,借阅人文社科类图书。根据挖掘结果显示,学生在借阅人文社会科学类图书时表现出一定的偏好和倾向。以B2中国哲学类图书为例,数据显示有24%的借阅者首先选择了这一类别的书籍。而在他们接下来的阅读选择中,23%的借阅者倾向于选取K8传记类图书,21%的借阅者更喜欢选择H3外国语类图书,而38%的借阅者则会继续选择K2中国哲学类图书。这表明,借阅了中国哲学类图书的学生们极有可能对中国史学和人物传记等类别感兴趣。此外,如果学生们首先借阅了B5欧洲哲学类图书,数据显示他们随后很可能会借阅I7美洲文学类图书,支持度达到21%,置信度为31%。这意味着欧洲哲学类图书和美洲文学类图书之间存在一定的关联性,很可能同时被借阅。

第二,借阅自然科学类图书。挖掘结果显示,学生在借阅自然科学类图书时展现出一定的偏好和倾向。以TP自动化技术、计算机类图书为前项数据,结果显示有20%的借阅者首选这类书籍。在进一步的阅读选择中,43%的借阅者会继续选择O1数学类图书。这表明,在借阅自然科学类图书时,数学类图书与自动化技术、计算机类图书之间存在着较高的相关性。此外,如果学生先选择了TM电工技术类图书和O4物理学类图书,数据显示他们很可能随后会选择O1数学类图书,支持度达到15%,置信度为36%。这说明数学类图书与电工技术、物理学等自然科学类图书之间也存在着密切的关联性,往往会同时被借阅。

第三,交叉借阅不同学科图书。学生在借阅图书时有一种明显的趋势,即他们倾向于交叉借阅不同学科的图书。具体来说,当学生首次借阅TP自动化技术、计算机类图书时,有大约19%的学生随后借阅了I2中国文学类图书,而且这种借阅行为的置信度达到43%。此外,当学生首次选择借阅TP自动化技术、计算机类图书后,一些学生倾向于接着借阅H3常用外语类图书。数据表明,大约有19%的学生出现了这种借阅行为,该行为的置信度为35%。同样的趋势存在于学生首次同时选择借阅O1数学类和TP自动化技术、计算机类图书时。数据表明,约15%的学生在这种情况下借阅了I2中国文学类图书,置信度达到了37%。这些数据展示了学生在借阅图书时的跨学科倾向。学生先借阅计算机类图书后转向中国文学类图书可能表明了他们在多学科之间的关联性和综合学习方面的兴趣。跨学科借阅图书,学生能够扩展自己的知识领域,获得多元化的学习体验,并可能在学科之间发现新的观点和交叉点。

从图书类目关联规则挖掘结果来看,安徽师范大学学生偏好 I 文学类、K 历史地理类(尤其 K2 中国史类)、B 哲学宗教类和 T 工业技术类(主要是 TP 自动化技术计算机类)图书。其中人文社科类图书中 I2 中国文学类、B2 中国哲学类和 H3 常用外国语类借阅关联度高,而自然科学类图书中关联规则较少。但是借阅 TP 自动化技术计算机类和 O1 数学类图书的学生较多,显示对综合学习的兴趣。

(4)图书书目之间的联系。

从借阅图书书目间的关联规则挖掘结果表可以看出,学生们比较喜欢借阅同种类的图书,先借阅了某本书,大概率也会借阅与已经借阅的图书相似性很大的图书。

第一,人文社科类图书。根据挖掘结果显示,我们可以看出学生在人文社科类图书方面的偏好。一方面倾向于借阅文学类的经典著作类图书。例如,前项借阅为《楚辞论丛》,后项为《诗三百篇探故》《诗经讲义稿》和《汉魏六朝乐府诗评注》。这些图书的支持度都在 20% 以上,置信度都在 40% 左右。这表明先借阅《楚辞论丛》的学生,还有较大概率去借阅《诗三百篇探故》《诗经讲义稿》和《汉魏六朝乐府诗评注》这三本书。另一方面,学生也倾向于借阅偏向文学和艺术类的图书。例如,《芈月传贰》和《芈月传叁》是一个系列的书籍,支持度为 24%,置信度为51%。这说明借阅了《芈月传贰》的学生,还有可能会去借阅《芈月传叁》这本书。此外,读者借阅同一系列的示例还包括前项为《傅抱石谈中国画》,后项为《傅抱石美术集》和《傅抱石绘画研究:1949—1965》,它们的支持度分别为 23% 和 22%,置信度都是 20%。这表明学生在借阅图书时也愿意去借阅和了解同一位作者相关的其他图书。

第二,自然科学类图书。挖掘结果显示,学生在借阅了《实用原子光谱分析》后往往会借阅《高等原子分子物理学》和《现代谱学》这两本书。这表明对《实用原子光谱分析》感兴趣的学生对进一步学习相关领域的知识有需求。同样,借阅了《数学分析学习辅导Ⅱ——微分与积分》这本书的学生也有可能借阅《直觉模糊信息集成理论及应用》和《基于语言信息的决策理论与方法》这两本书。这可能是因为学生在学习微分与积分的过程中,对相关的决策理论和应用产生了兴趣。从题材上看,自然科学类图书的关联较少,更多以专业课程类图书和基础学科图书为主。这可能是因为人文社科类图书在类别上更加细分,涵盖的范围更广泛。而自然科学类图书则更多地与学生的专业课程或基础学科相关。此外,对于理工类学生来说,借阅与自身专业相关的图书是较为常见的行为,可能是因为他们需要弥补课堂学习中知识深度不够的情况。工科类学生可能还需要借阅数学等基础学科图书来进行辅助学习。

从图书书目关联规则挖掘结果来看,安徽师范大学图书馆人文社科类图书在借阅关联上占据较大比例,而自然科学类图书关联较少。这可能反映了学生们在借阅图书时对不同学科和领域的兴趣和需求有所偏好。同时,人文社科类图书的细分领域和广泛范围为学生们提供了更多的选择,而自然科学类图书则更注重专业知识和基础学科的学习。

6.8 读者阅读内容分析

图书和文章是阅读推广的基础资源。前文从宏观角度分析了读者对图书类目和书目的偏好,接下来将从内容层面进一步分析读者的阅读偏好。读者对图书的借阅和对文章的搜索、浏览和下载行为都反映了他们对这些内容的喜好程度。因此,我们可以根据读者对图书和文章的行为制定一系列标签,包括事实类标签和统计类标签。事实类标签基于图书和文章的属性,例如资源类型、分类、题名、摘要/内容和入档日期等;而统计类标签则基于读者的行为,例如图书借阅、文章搜索、浏览和下载等。此外,还可以通过模型计算提取关键词和主题词,以进一步挖掘图书和文章的内容。

在主题词标签计算中,我们可以通过分析文本内容、识别关键词和主题词,从而更好地描述图书和文章的主题特点。这有助于读者更快速地找到他们感兴趣的内容,并提供个性化的推荐服务。通过主题词标签的计算,可以更准确地理解文本的主旨,为读者提供更精准的内容推荐和阅读体验。

6.8.1 主题词标签计算

1.相关理论

(1)Jieba中文分词。

Jieba中文分词是目前主流的中文分词工具,该分词词库提供了常用词组和词组出现的频率和词性。支持四种分词模式:精确模式、全模式、搜索引擎模式和paddle模式。Jieba中文分词提供TF-IDF、TextRank两种算法从义本中提取关键词。

(2)TF-IDF算法。

TF-IDF(Term Frequency-Inverse Document Frequency)是由Salton在1988年提出的,其主要思想是:一个词语在一篇文章中出现次数越多,即TF(词频)高,同时在所有文档中出现次数越少,即IDF(逆文本频度)越大,越能够代表该文章。具体计算公式分别为

$$TF = \frac{在某一类中词条出现的次数}{该类中所有的词条数目} \qquad (6-1)$$

$$IDF = \log\left(\frac{语料库的文档总数}{包含词条的文档数 + 1}\right) \qquad (6-2)$$

公式6-2中的分母加1,是为了避免分母为0。TF-IDF算法计算公式:

$$TF\text{-}IDF = TF \times IDF \qquad (6\text{-}3)$$

TF-IDF 算法是以 TF 和 IDF 的乘积作为取值测度，TF-IDF 值越大，则这个词成为一个关键词的概率就越大。

（3）TextRank 算法。

TextRank 算法基本思想来源于谷歌的 PageRank 算法，是一种用于文本的基于图的排序算法。通过把文本分割成若干组成单词或句子并建立加权文本图模型，利用局部词汇之间关系（共现窗口，默认为 5）对后续关键词进行排序，直接从文本本身抽取。TextRank 算法的公式为

$$WS(V_i) = (1 - d) + d* \sum V_{\int \in In(V_i)} \frac{w_{\int i}}{\sum V_{\int \in out(V_i)} w_{\int k}} WS(V_j) \qquad (6\text{-}4)$$

公式 6-4 中，$In(V_i)$ 表示指向 V_i 的节点的集合，$Out(V_j)$ 表示 V_j 指向的节点的集合。$w_{\int i}$ 表示的是节点 V_j 和节点 V_i 之间的权重。d 表示阻尼系数，一般取值为 0.85。

2.主题词标签计算

由于相同题名的书或者相同题名的文章，并非只代表同一本书或同一篇文章，因为存在着题名相同的书但是著者不同、出版社不同、版本不同或图书内容不同等情况。因此我们分别结合图书摘要、文章内容，分别将每种图书以"题名+摘要+分类名称"三列合并为一列，每篇文章以"题名+文章+分类名称"三列合并为一列，构建新字段内容，用于计算图书与文章的主题词标签。该类型标签计算按照分词处理和主题词计算两个步骤。

（1）分词处理。

分词就是将文本中每个连续的字序列按照一定的规范重新组合成词序列的过程。通过分词我们可以得到读者利用过的图书和文章的庞大词库。如对题名为"中国绘画美学史"图书，进行"题名+摘要+分类名

称"三列合并后,用Jieba中文分词中全模式进行分词,如表6-8所示。分词处理时句子中出现的词语都会被切分,而有些副词、连词、介词、数字及标点符号等是没有实际意思的,如结果中的"/的/,/对/,/等/,/与/,/和/"等对于后续的关键词提取会加大工作量,并且可能提取的关键词是无效的,所以在分词处理以后,需用停用词文本库对分词后的词语进行过滤,去掉停用词,才能使得后面取得的关键词更有意义。

表6-8　Jieba中文分词的全模式分词结果

题名	摘要	分类名称	分词结果
中国绘画美学史	本书作为研究中国绘画美学史的著作,主要考察了上自先秦、下至清末的两千多年以来的中国绘画美学思想及其发生、发展和流变的历史,对历朝历代的重要画家、画论家、美学家等的重要绘画审美理论与美学思想进行论述与阐发,并且注重各种理论思想的"前因"和"后果",揭示出它们的内在联系、逻辑架构	中国画技法	中国/绘画/美学/美学史/,/本书/作为/研究/中国/绘画/美学/美学史/的/著作/,/主要/考察/了/上自/先秦/、/下至/清末/的/两千/两千多/两千多年/千多/千多年/多年/以来/的/中国/绘画/美学/思想/及其/发生/、/发展/和/流变/的/历史/,/对/历朝/历朝历代/历代/的/重要/画家/、/画论/家/、/美学/美学家/学家/等/的/重要/绘画/审美/理论/与/美学/思想/想进/进行/了/论述/与/阐发/,/并且/注重/各种/理论/思想/的/"/前因/"/和/"/后果/"/,/揭示/出/了/它们/的/内在/内在联系/联系/、/逻辑/架构/,/中国/中国画/国画/画技/技法/

（2）主题词计算。

用词过滤后,基于语料库对分词结果分别进行 TF-IDF、TextRank 权重计算,筛选出权重最高的 20 个词作为关键词,将 TF-IDF 与 TextRank 进行乘积运算,最后对权重值排序,将共现的词作为主题词,计算结果如图 6-41 所示。

TF-IDF模型		TextRank模型	
关键词	权重	关键词	权重
绘画	0.543665	绘画	1
美学史	0.442415	思想	0.764599
思想	0.322359	美学	0.623315
美学	0.322124	中国	0.59653
画论	0.211737	美学史	0.548799
美学家	0.207878	逻辑	0.474279
流变	0.204665	架构	0.473004
理论	0.202248	理论	0.452827
历朝历代	0.19788	揭示	0.383022
两千多年	0.19499	后果	0.380263
内在联系	0.185346	发生	0.364097
阐发	0.180155	作为	0.362102
中国画	0.179148	技法	0.355623
中国	0.174653	中国画	0.354219
架构	0.171881	进行	0.349593
审美	0.160834	发展	0.338977
技法	0.160683	画论	0.338098
重要	0.154345	著作	0.328918
先秦	0.150799	研究	0.308472
清末	0.146117	论述	0.288743

TF-IDF*TextRank	
主题词	权重
绘画	0.543665071
思想	0.246475632
美学史	0.242796934
美学	0.200784796
中国	0.104185873
理论	0.091583101
架构	0.081300623
画论	0.071587812
中国画	0.063457762
技法	0.057142408

图6-41 主题词计算结果

6.8.2 读者利用资源标签计算

1.文章利用指数标签

该类型标签值需要进行多表关联聚合运算,其中日期参数是关键,日期参数便于回溯历史数据,贯穿标签计算始终。如近30天文章检索次数、近30天文章浏览次数、近30天文章下载次数等标签,以读者的ID字段为单位对历史记录分组做求和运算。

2.文章利用内容标签

(1)主题词拆分。

根据分析读者对哪些图书和文章发生了借阅、搜索、浏览及下载行为,以及与之对应的图书和文章主题词表,将每本图书或每篇文章的主题词表按词拆分对应到读者作为一条记录。以前述计算好的主题词为

204

例,进行主题词拆分,如图6-42所示。

图书/文章_ID	读者_ID	借阅	搜索	浏览	下载	时间	分类名称	主题词
2004088718	30917	TRUE	FALSE	FALSE	FALSE	2019/10/9 16:53:18	中国画技法	绘画,思想,美术史,美学…

图书/文章_ID	读者_ID	借阅	点击	阅读	下载	时间	分类名称	主题词
2004088718	30917	TRUE	FALSE	FALSE	FALSE	2019/10/9 16:53:18	中国画技法	绘画
2004088718	30917	TRUE	FALSE	FALSE	FALSE	2019/10/9 16:53:18	中国画技法	思想
2004088718	30917	TRUE	FALSE	FALSE	FALSE	2019/10/9 16:53:18	中国画技法	美术史
2004088718	30917	TRUE	FALSE	FALSE	FALSE	2019/10/9 16:53:18	中国画技法	美学
2004088718	30917	TRUE	FALSE	FALSE	FALSE	2019/10/9 16:53:18	中国画技法	中国
2004088718	30917	TRUE	FALSE	FALSE	FALSE	2019/10/9 16:53:18	中国画技法	理论
2004088718	30917	TRUE	FALSE	FALSE	FALSE	2019/10/9 16:53:18	中国画技法	架构
2004088718	30917	TRUE	FALSE	FALSE	FALSE	2019/10/9 16:53:18	中国画技法	画论
2004088718	30917	TRUE	FALSE	FALSE	FALSE	2019/10/9 16:53:18	中国画技法	中国画
2004088718	30917	TRUE	FALSE	FALSE	FALSE	2019/10/9 16:53:18	中国画技法	……

图6-42 主题词拆分

(2)标签权重计算。

主题词经过拆分处理后,就可以根据读者对主题词的行为来计算主题词对读者的权重,并且将这些主题词作为读者的标签。由于读者历史行为所蕴含的作用总是随着时间的推移而不断变化,最近期的行

为所蕴含的作用一般要比历史行为的作用有价值,如某位学生在大一
年级阅读内容与他(她)在大四年级阅读内容涉及的主题内容有差异。
因此,我们结合时间衰减模型(Time Decay Model,TDM)计算主题词标签
权重,时间衰减系数 = 1 / (log(t) + 1),公式中 t 为发生行为的时间距离
当前时间的值。标签权重=(读者行为分值之和)×时间衰减系数,公式
中的每种行为对应分值,可以根据阅读推广工作实践由专业人员确定。
图 6-42 中,读者_ID 号为"30917"的读者在"2019/10/9"当天"绘画"主题
词对该读者的权重为 3,而 100 天后该主题词对该读者的权重为 1。最
终,按照主题词权重值的排序,生成用户标签。随着时间的变化,用户
标签也会有相应动态调整,并反映读者当前的兴趣和偏好。

6.8.3 画像用于阅读推广场景

1.读者个人画像

个人画像查询是千人千面信息的一种表现形式。工作人员输入读
者 Id 后,查看及了解每一位读者的画像,例如查看某位读者的属性信
息、行为信息及阅读文章内容偏好信息等。如图 6-43 所示,读者专业:
生物科学、年龄:24、性别:男、学历:研究生;近 30 天的借阅图书、检索
文章、浏览文章及下载文章等情况;主题词颜色由红色渐变为橙色、形
状由大变小表示主题词重要程度及频率的变化;星期与时间点气泡颜
色由红渐变为绿色、形状由大变小表示读者访问时间的变化规律;中图
法类别表示读者检索、浏览及下载的文章类别。

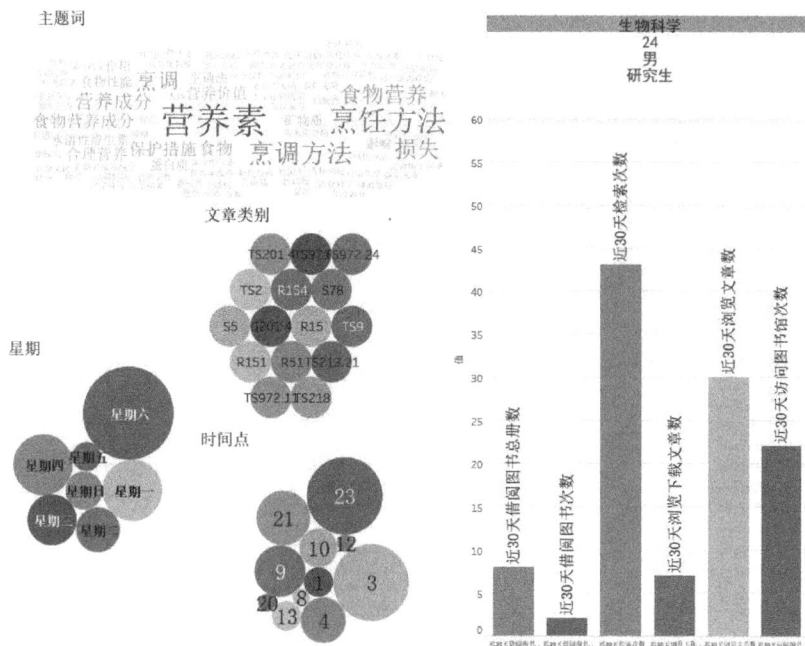

图 6-43　读者个人画像

2.读者群画像

前面个人画像查询是单独查看读者个人的相关特征。图书馆读者群体来自不同身份、专业及学历层次,对信息服务的需求也是多样化的。要想满足不同类型读者的需求,就需要基于画像标签做好读者分组分类工作,发现不同类型读者的潜在需求。读者群画像主要通过多个维度透视分析,实现根据现有用户标签圈定用户群的功能。例如工作人员根据业务逻辑筛选,进行相应的读者定位,从而实现不同类别读者群特征的探索。如图 6-44 所示,根据年份、读者下载文章数量、访问频次及最近下载文章距离天数等标签维度筛选特定人群;也可通过多个维度标签组合,筛选人群,实现对读者群的动态分析。在阅读推广及读者回访等行为中,为了实行不同的阅读推荐策略与避免重复打扰读者,可以将每个阶段待推广的读者群减去近期已经推广过的读者群,从而为精准化阅读推广提供支持。

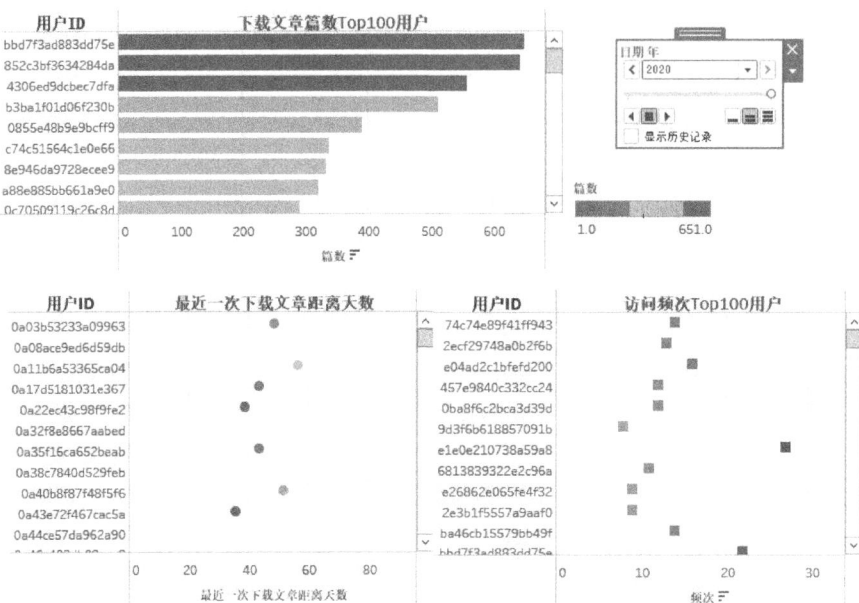

图6-44　读者群动态画像

3.个人阅读主题推荐画像

精准化资源推荐。精准化资源推荐解决从海量(万、百万)的内容中,挑选出读者感兴趣的内容,推荐给读者(百、十的输出)。在前述读者个人画像的基础上构建主题词共现矩阵,计算资源之间的相似性,进行文章推荐。以图6-43中的读者(专业:生物科学、年龄:24、性别:男、学历:研究生)为例,构建"营养素"主题词共现矩阵,利用度中心度、接近中心度、中介中心度及PageRank等算法对主题词排序与聚类,构建个人阅读主题画像。如图6-45所示,图中节点不同颜色表示不同的类,各类之间泾渭分明;节点越大,表明主题词词频越高;连线表明主题词之间有共现关系,连线粗细表明主题词之间共现的程度;将每类中具有最高中心度的主题词标签作为推荐结果。

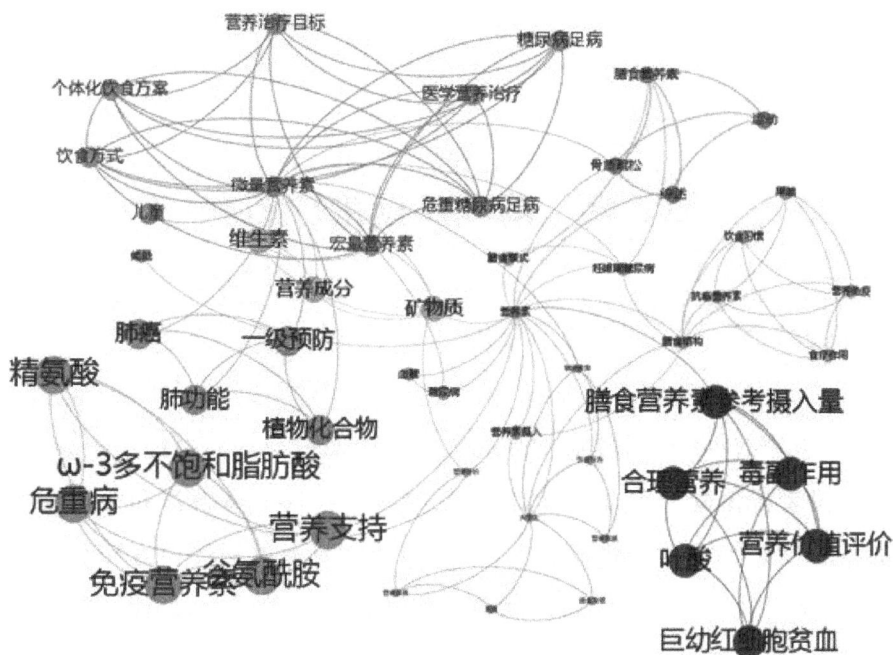

图6-45　读者个人阅读主题推荐画像

　　非精准化推荐。为解决新读者、新文章的推荐存在冷启动的问题（即如何给新读者做个性化推荐阅读，如何将新的资源推荐给可能对它感兴趣的读者），我们可以采用非个性化推荐策略。具体做法：一是热门召回，自定义热门规则，根据当前时间段热点，定期更新维护资源库；二是新资源召回，建立新资源库，以提高新资源的利用率并进行推荐。这里非精准化推荐是对前期精准化推荐的补充。

第7章 精准阅读推广策略

在第6章中,我们对基于客观真实的读者行为数据进行了研究,构建了读者群体画像和个体读者画像,展现了不同读者群体和个体读者的行为偏好特征。在此基础上,本章结合读者群的阅读偏好和活跃度差异,制定针对不同读者群的精准化服务策略。最后,从可持续发展的角度出发,提出了多维度的保障措施,包括馆员素养、用户隐私、智能发展和服务创新,以提升高校图书馆的精准化阅读服务。

7.1 基于偏好分析的读者群画像阅读推广策略

在进行读者偏好分析时,我们重点研究了读者的阅读偏好,包括图书类别和阅读时间。研究结果显示,读者的阅读图书类别偏好受其专业背景影响较深,不同领域的读者对不同类型的书籍有着明显的偏好。尤其是文学类书籍具有广泛的受众群体,受欢迎程度较高。此外,从时间偏好的角度来看,读者的阅读行为呈现出明显的周期性规律,包括月度、星期和具体时段等多维度。基于这些研究结果,我们提出了基于读者阅读类别偏好和时间偏好的阅读推广服务策略,旨在更好地满足读者的阅读需求,提升读者阅读体验。

7.1.1　基于图书类别偏好的阅读推广

（1）基于大众阅读类别偏好的资源推荐。

第一，分析读者群的借阅偏好画像，根据读者群我们了解到 I 文学类书籍备受读者喜爱，其借阅量占总借阅量的近三分之一。鉴于图书馆馆藏资源中文学作品十分丰富，图书馆可以整理出借阅量较高的热门和经典书目供读者阅读，同时考虑增加那些备受欢迎的书籍的复本数量。这种基于大众阅读偏好的资源推荐覆盖面更广，读者接受度更高，有助于促进图书馆与读者之间的良性互动，同时对阅读推广工作起到积极推动作用。

第二，注重资源推荐的广泛性与延伸性。在进行资源推荐时，图书馆应着重考虑广泛性与延伸性，根据读者阅读的文章主题来进行推荐。例如，当读者以某一特定主题为研究对象时，图书馆可以为其推荐相关的论著、文章，并且分析与该主题相关的共现词，进而推荐共现率较高的其他主题成果。这种广泛性与延伸性的文献资源推荐策略有助于拓展读者的知识视野，丰富其知识储备，为其学术研究和学习提供更全面的支持。深入研究不同但相关的主题，读者可以更全面地理解和探索自己感兴趣的领域，从而拓展思维，提升学术深度。

（2）根据所学专业为读者推荐专业相关书籍。

第一，深入挖掘专业图书类目。推荐专业文献对于满足高级读者的需求至关重要。通过读者专业与图书类别关联模型，可以发现某些类目图书具有很强的专业性，仅与特定专业有密切联系。这些高度专业化的书籍往往只有该专业学生会频繁借阅，因为各个领域都拥有独特的理论体系，不同专业之间存在较大的知识隔阂。在深层次的研究领域中，这种分歧更加显著，即使在同一专业下的不同研究方向之间也难以深入交流。因此，图书馆应当针对专业性强的图书类目进行深入挖掘,特别是在对研究水平较高的读者推荐书目时应更加注重粒度。通过提供精准而深入的书目推荐,满足读者对高水准专业文献的需求,促进他们在专业领域内的持续学习和研究,这种精准的推荐可以帮助读者不断提升专业素养。因此,对于那些探索更深入学术领域的读者来说,提供精心挖掘和推荐的专业文献将成为图书馆服务的一项重要补充。

第二,深入挖掘书目间的关联性。通过分析书目间的关联性,图书馆可以提供高频率同时借阅的交叉学科文献推荐,引导读者探索不同学科之间的联系和交叉点。建议设立交叉学科图书展示区和推出跨学科阅读书单,直观展示多个学科的相关图书,激发学生的兴趣和好奇心。举办跨学科讲座与研讨会,邀请专家学者分享跨学科知识和经验,帮助学生拓宽视野,深入了解不同领域的研究和应用。同时,设立交叉学科阅读角和推广跨学科研究项目,为学生提供自主学习和交流空间,促进跨学科阅读,提升综合素养。这些措施将有助于丰富学生的知识结构,培养他们的综合思考能力,促进学术交流和跨学科合作,提升图书馆服务水平,推动阅读推广工作的深入开展。

7.1.2 基于时间偏好的阅读推广

(1)根据学期时间提供服务。

从读者群偏好画像中,可知学年内读者入馆和借阅次数存在规律性。一般来说,入馆人次在学期末达到最高,而学期初则呈现出借阅量较高的趋势。为此,我们可以采取以下策略:学期初时,重点推广新书,提高资源利用率,并可根据教学安排调整借阅期限规则,减少多次重复借还情况,方便读者;在学期末,针对读者入馆复习、备考等需求,优化图书馆空间管理,创造舒适的学习环境。

（2）假期提供远程服务。

在寒暑假期,由于入馆借阅流量较低,我们可以考虑利用远程服务满足读者需求:一方面提供远程教育资源和信息服务,丰富线上资源,为读者提供公开课等学习机会;另一方面利用网络平台进行线上展览、交流活动,使读者能够在假期继续获取知识,扩展视野。

（3）科学调整馆员工作时间。

根据读者借阅高峰时段(上午10点、下午5点、晚上9点),优化馆员工作时间节点,提升服务质量:在借阅高峰时段前将书籍整理归位,提升读者借阅效率和体验感;确定合适的工作时间节点,为读者提供更加良好的借阅环境,提高图书馆服务效率。

7.2　基于活跃度聚类分析的阅读推广服务

第6章中根据用户画像标签体系的开发结果对读者活跃度进行了分析。下面以有入馆、有借阅、有预约行为的读者为例,说明针对各聚类结果读者群,分别制定精准化阅读推广策略。通过聚类算法将有入馆、有借阅、有预约行为的读者划分为四个群体,根据各类群体的特征,分别打标签为:休闲阅读族、多元资源利用族、高频借书族、专注空间利用学习族等不同的读者群体,并形成可视化读者群画像。这些画像清晰直观地展现了不同读者群体的特征。本节将重点关注读者群特征之间的差异,从读者需求出发,针对不同类型读者群提出相应的精准化阅读服务策略。表7-1详细列出各类读者群的画像特征和不同的阅读推广策略。

表 7-1　各类读者群的画像特征和不同的阅读推广策略

读者群	入馆次数	借阅册数	预约次数	年级构成 (TOP3)	学院构成 (TOP3)	专业构成 (TOP3)	阅读推广策略
休闲阅读族	低	低	低	大一 研一 博一	文学院 经管学院 地旅学院	思想政治教育 汉语言文学 法学	1.推荐热门图书 2.开展专题讲座和活动 3.增加课程参考书及拓展资料
多元资源利用族	高	较高	高	大一 研二 博一 博二	文学院 经管学院 物电学院	教育学 中国语言文学 汉语言文学	1.提供多元化的资源 2.举办数字资源利用讲座 3.推荐相关的资源和最新研究进展
高频借书族	中等	最高	中等	大二 研一 博一	文学院 历史学院 法学院	中国语言文学 汉语言文学 历史学	1.提供便捷的自助借还服务 2.开展经典阅读推广 3.开展学科服务
专注空间利用学习族	较高	低	较高	大三 大四 研一 博一	法学院 经管学院 地旅学院	法学 数学与应用数学 历史学	1.创造宜人的阅读学习空间 2.提供毕业备考阅读服务 3.设立独立的研修间

通过深入了解每类读者群的特征和需求,可以有针对性地制定阅读推广策略,从而更有效地满足不同读者群体的阅读需求,提升图书馆的服务质量和读者体验。

7.2.1　休闲阅读族

休闲阅读族相对于其他读者群体而言,他们对图书馆的使用频率较低。这可能是因为他们更多地将阅读视为一种放松和消遣的方式,而不是进行系统性和大量的阅读。因此,他们在图书馆的入馆次数和借阅册数相对较少。

人员构成主要由大一、研一和博一的读者组成。他们是新入学的大学生和研究生,此时的学业压力相对较小,其中大一学生刚刚结束了高中学习,踏入大学校园,他们对大学生活怀有美好的憧憬和好奇心,相较于高中阶段紧张、有规律、目的性强的学习模式,大学生活带来了更多自由、丰富和多元化的学习机会。他们有更多的时间和空间来从事自己感兴趣的阅读活动。因此,休闲阅读族可能会借阅各种文学作品、小说、散文和与自己兴趣和基础课程相关的书籍。他们对自己感兴趣的领域和课程内容有着浓厚的兴趣,并通过阅读来满足自己的好奇心和丰富知识。尽管他们对图书馆的使用频率较低,但他们仍然是图书馆的重要用户群体之一。

学院构成以文学院、经济管理学院和地理与旅游学院为主。专业构成以思想政治教育、汉语言文学和法学为主,这些专业注重文化、人文和社会科学领域的研究。思想政治教育专业涉及社会思潮、价值观念等方面的研究,汉语言文学专业主要研究汉语和中国文学,法学专业则涉及法律文献和法律知识的学习。

针对休闲阅读族的阅读推广策略包括:

(1)推荐热门图书。

为了帮助读者快速找到感兴趣的阅读材料并培养阅读爱好,图书馆可以推荐一些热门图书,提供轻松、休闲的阅读材料,如小说、散文集、杂志等。例如,图书馆历年借阅量最高的十本书、读者所在学院借阅最多的书目等,以大多数读者的口味帮助他们快速找到感兴趣的阅读方向,这对培养其阅读爱好有一定积极影响。同时,可以提供畅销小说、文学作品、随笔散文集、漫画杂志、旅游杂志等类型的阅读材料,来满足读者寻找放松娱乐的阅读需求。这些轻松、休闲的阅读材料可以吸引更多读者前来借阅,并在阅读过程中带给他们愉悦和享受。后续再根据其借阅图书的类目与频次分析其阅读口味,为将来更精准的阅读服务做铺垫。

(2)开展专题讲座和活动。

针对低年级读者,举办科普类型的讲座和活动,如图书馆的入馆教育讲座。这些讲座旨在向读者普及图书馆的相关知识、规章制度和各项服务,包括纸质资源和电子资源数据库的使用方法。通过了解图书馆的资源和服务,读者能够更好地利用图书馆的资源,满足他们的学习和研究需求。同时可以举办"图书分享交流会"等活动,通过学生之间的交流与分享,探讨书籍中蕴含的内涵和深层意义。这样的活动不仅能够让同学们发现好书、培养阅读兴趣,还能促进读者间的交流互动,激发他们的阅读热情和兴趣。

(3)增加课程参考书及拓展资料。

在大学生活中,学习是非常重要的一部分。对于低年级的学生来说,熟练掌握学校开设的课程内容尤为关键。图书馆在这方面能够发挥重要的作用。除了提供实体馆藏的纸质书籍外,图书馆还拥有丰富的电子资源和多媒体课程资料,以满足学生的学习需求。针对学生所学的专业,图书馆可以为他们提供通俗易懂的课程参考书和拓展资料。这些参考书和拓展资料旨在帮助学生更好地理解和掌握课程内容,使他们能够学有所长。无论是临近考试还是课后复习,学生都可以借阅这些书籍来加强他们对专业知识的理解和应用能力。图书馆还可以提供音视频等多媒体课程资料,让学生在视听的同时更好地理解和记忆课程内容。通过多样化的学习材料,学生可以充分利用图书馆的资源来巩固和拓展自己的专业知识。

7.2.2 多元资源利用族

多元资源利用族这个群体相对来说更加多样化,包括了大三、研二、博一和博二的学生。他们对图书馆的资源利用程度较高,不仅入馆次数多,借阅册数也比较多,同时预约图书的频率也相对较高。这些读者可能更加注重获取各种不同类型的信息和知识,对于图书馆的资源有着更广泛的需求。从学院构成来看,以文学院、经济管理学院和物理与电子信息学院为主,所涉及的专业主要包括教育学、中国语言文学和汉语言文学等。

针对多元资源利用族的阅读推广策略包括:

(1)提供多元化的资源。

这类群体对图书馆资源的需求较高,他们通常是学习能力强、具备一定专业基础的学生,并且愿意综合使用各种资源以提升学习效果。图书馆可以通过多元化的资源提供来满足他们的需求,除了实体馆藏的纸质书籍,图书馆还应该提供数字化的书籍,以便学生能够在电子设备上阅读和检索相关信息,提供电子教材,可以帮助学生更加便捷地获取课程资料,提供有针对性的学习资源。这些电子课程教材包括在线教学视频、学术讲座录像等,以满足学生不同学习方式的需求,帮助他们更好地理解和掌握课程内容。

专业数据库对于这类群体来说,也是必不可少的资源之一,它提供了多样化的学术资料和研究文献,有助于学生深入了解领域前沿和最新研究成果。这些数据库搜集了各个学科领域的学术资料、研究文献和专业期刊,涵盖了广泛的知识领域和研究方向。通过专业数据库,学生可以获取到最新的研究成果、领域前沿的知识和专业领域的经典文献。这对于学生深入了解和掌握自己的研究领域和拓展学科边界至关重要。学生可以通过关键词检索、分类筛选等方式,快速找到所需的学术论文、研究报告、学位论文等资料,并从中获取有价值的信息和参考文献。除了提供学术资料,专业数据库还常常提供一些附加功能,如引用分析、作者信息、研究机构等。这些功能可以帮助学生了解学术环境、研究趋势和学者之间的关联,为他们的学术研究提供更多的参考和支持。

（2）举办数字资源利用讲座。

专业数据库的使用需要一定的专业知识和信息检索技巧。图书馆可以提供相关的讲座和指导,帮助学生正确和高效地利用这些数据库。培训讲座通常包括信息检索、学科研究和论文写作等内容,这些方面相互补充,共同帮助学生掌握学术研究的基本技能和知识,提高他们的学术素养和研究能力。在中文数据库方面,有一些常用资源,例如中国知网、万方、维普、读秀和中国基本古籍库等;在外文数据库方面,有Web of Science、IEEE Xplore、Scopus和ScienceDirect等。综合运用这些数据库,学生可以提升学术素养和研究能力,为自己的学术发展奠定良好基础。

除了技术层面的培训,培养正确的学术规范和道德意识同样至关重要。通过系统的培训和实践,学生可以更好地进行学术研究和写作,确保其学术活动符合规范,坚守学术诚信,并能够健康持续地发展自身的学术事业。这种全面性的培训将有助于学生成长为具备丰富知识和高水平研究能力的优秀学者。

(3)推荐相关的资源和最新研究进展。

多元资源利用族中研究生群体往往需要把握所在学科领域的热点与前沿,了解权威专家学者提出的新理念、发现的新问题、研究的新课题,这些都是研究者进行科研创新的灵感来源。图书馆可以依据其所属专业为他们推送相关学术信息。在高校内,无论是学院还是学校,经常邀请专家学者到校做讲座,图书馆可以搜集校内讲座报告等信息并与读者所在专业、学院相匹配,为读者提供与专家面对面学习交流的机会。另外,多媒体和网络技术的发展,打破了空间的界限,促进了人与人之间的交流互动,线上交流学习变得更为平常,许多专家以线上视频会议的方式举办讲座。图书馆可以筛选优质的线上讲座信息预告给目标读者,使他们随时随地与大师"零距离"沟通。

研究生不仅需要获取知识,还需将知识转化为成果。图书馆还能为他们提供与其专业和研究方向相关的学术会议、竞赛与征文等信息,帮助他们开阔视野,尽快取得科研成果。另外,科研机构和学术社群也是重要信息源:许多科研机构和学术社群定期发布最新的研究成果和进展,如国家自然科学基金委员会(NSFC)、美国国家科学基金会(NSF)等组织。此外,学术博客和专家公众号也是获取信息的途径:一些学术专家和研究机构在个人博客或公众号上分享研究成果、心得和最新进展。通过关注阅读他们的博客或公众号,研究生可随时获取相关信息。值得一提的是,一些领域内知名学者也活跃在学术社交媒体上,研究生可以利用这些平台与他们互动。

7.2.3　高频借书族

高频借书族是指图书馆中入馆次数较为频繁、借阅册数最高、预约次数适中的用户群体。这个用户群体的年级构成主要包括大二、研一和博一的学生。在学院构成方面,高频借书族主要来自文学院、历史学院和法学院等人文社科学院,这些学院的学生通常对文学、历史和法律等领域的知识有较高的兴趣和需要。在专业构成方面,高频借书族以中国语言文学、汉语言文学和历史学等专业为主。这些专业通常需要大量的阅读和研究,因此这些学生经常活跃在图书馆中,借阅与其专业相关的图书来支持他们的学习和研究。

针对高频借书族的阅读推广策略包括:

(1)提供便捷的自助借还服务。

为了使借阅服务更加便捷,可以引入自助借阅终端和在线借阅平台。自助借阅终端可以让读者快速借阅图书,避免排队等待,节省时间。在线借阅平台则能够提供24小时的借阅服务,使读者能够在任何时间、任何地点借阅,增加了借阅的便利性。此外,在学生宿舍区域可以设置24小时自助借还机,方便学生随时借阅和归还图书。例如,如今高校往往设立多个校区,有些学生需要借阅的图书可能位于非本校区的图书馆。在这种情况下,可以提供通借通还平台,让学生提前通过平台预约需要借阅的其他校区图书。每天,图书馆工作人员通过平台下架这些图书,并利用通借通还书车将图书运送到学生所在校区的自助借还机内,以便学生随时自助借还图书。

(2)开展经典阅读推广。

高频借书族主要涵盖中国语言文学、汉语言文学和历史学等专业,针对这些专业的特点,我们需重点推荐经典文化资源,让读者更亲近经典文化,深入了解中华文化传统中的经典文学作品。图书馆推广经典阅读有利于促进大学生的全面发展和中华民族优秀传统文化的传承。在推荐过程中,首先,通过推荐经典书目、举办经典讲座、开展征文评选等活动,有效地推广经典阅读。其次,可以探索更多创新方法。例如,结合新媒体平台与学生互动,开设经典阅读推广账号,定期发布推荐书目、名篇摘抄等内容。引入直播的方式,定期邀请专家学者对名著经典进行答疑解惑,实时与读者沟通。举办读书分享会和线上讨论,组织学生分享阅读心得并参与线上交流。再次,设立专门的经典阅览室,展示珍贵书籍并举办相关展览。最后,邀请专家学者举办讲座和研讨活动,为学生提供与专家互动学习的机会,协助他们更好地理解和阅读经典文学作品。通过这些综合措施,全面推动经典阅读的普及和发展,以促进中华优秀传统文化的传承和创新。

(3)开展学科服务。

高校图书馆可以与院系直接对接,开展学科服务。直接对接是为了更好地满足不同研究方向的需求,解决信息不对称问题,并促进双方的相互了解与合作。通过设置学科馆员并与各院系对接,图书馆可以深入了解不同研究方向上对书目、数字资源等的具体需求,从而有针对性地购买期刊专题和专业数字资源,丰富和完善图书馆的文献资源。这种定制的资源服务更贴合院系的实际需求,提高了图书馆的资源利用效率,减少了资源浪费。同时,这种对接模式也给院系带来了益处。首先,院系师生通过与图书馆的交流,增进了对图书馆资源的了解,提升了查找资源的效率和准确性。其次,定制个性化的学科资源服务满足了不同研究方向的需求,有助于提升院系的学术研究水平和竞争力。最后,院系与图书馆直接对接的方式建立了更密切的合作关系,实现了资源共享和优化利用,促进了学术研究的进步和提升。

7.2.4 专注空间利用学习族

专注空间利用学习族是指在图书馆中入馆次数较高、借阅册数相对较低但预约次数较高的用户群体。这个用户群体的年级构成主要包括大三、大四、研一、博二和博三的学生,毕业班学生较多,他们通常在学术或职业发展的关键阶段,需要更加集中地进行学习和研究。学院构成以法学院、经济管理学院和地理与旅游学院为主,这些学院通常与法律、商务和旅游等领域的学科有关。专业构成以法学、数学与应用数学和历史学为主,这些专业侧重研究和深入思考,对学习环境要求较高。

针对专注空间利用学习族的阅读推广策略包括:

(1)创造宜人的阅读学习空间。

创建一个宜人的阅读空间是打造优质图书馆不可或缺的一环。一个卓越的图书馆不仅仅是书籍的储存之地,更应该是一个能够为人们带来愉悦体验的场所。在图书馆的设计和布局中,需要综合考虑多个因素,包括温度、光线、座位舒适性、音效环境和个性化需求等,以满足读者对于阅读环境的各种期待。第一,温度是一个非常重要的因素。图书馆内的温度应该宜人,一个适宜的温度可以让读者感到舒适,更好地专注于阅读和学习。此外,一个良好的通风系统也是必不可少的,它能够保持室内空气的流通,为读者提供清新的空气环境。第二,光线是图书馆设计中的重要考虑因素之一。充足的自然光提供了一个明亮、开放的感觉,帮助读者提振精神并提高阅读体验。因此,一个好的图书馆设计应该最大限度地利用自然光,例如通过大窗户、大窗等方式,使室内尽可能多地接受阳光的照射。此外,室内照明也需要充分考虑,采用柔和而充足的灯光,以避免刺眼造成阅读障碍。第三,座位舒适性是一个不容忽视的方面。图书馆应该提供舒适的椅子、桌子和宽敞的阅读区域,让读者可以长时间停留和阅读。不仅如此,还可以设置不同类型的座位,以满足不同读者的需求,例如舒适的沙发区、静谧的无声阅读区和小组讨论区等。这样的设计可以为读者提供更多选择,使他们能够找到适合自己的阅读位置。第四,音效环境在图书馆体验中起着重要作用。为了给读者提供安静、和谐的环境,需要采取合适的隔音措施,减少噪声干扰。提供合适的音效环境可以对读者的注意力和专注力产生积极影响。

(2)提供毕业备考阅读服务。

由于这部分群体年级分布主要是以高年级为主,面临毕业升学考试和入职考试的挑战。为了更好地支持与服务于这些学生,图书馆可以提供以下服务:第一,图书馆可以组织学术写作指导讲座,向学生介绍毕业论文写作的基本原则和技巧,涵盖文献引用、论证结构、格式规范等内容。此外,学科咨询服务团队可提供个别咨询,帮助学生解决论文写作过程中遇到的问题。第二,图书馆可以集中收藏和推广与考试相关的资料,包括购买相关考试指导的数字资源,帮助学生了解各种考试的重点知识和要求,提供备考建议和指导。第三,图书馆可以搜集和推广与就业相关的资源,涵盖就业指南、职业发展书籍、招聘信息等内容。同时,还可以邀请企业代表举办招聘讲座和面试技巧培训,帮助学生了解就业市场趋势,提升就业竞争力。通过这些全方位的阅读推广服务,图书馆将能够有效帮助学生应对学术和职业挑战,促进他们的个人成长和发展。

(3)设立独立的研修间。

设立独立的研修间是图书馆阅读推广的另一个重要方面。这些研修间旨在为小组研讨和毕业生各种面试提供场所。无论是升学面试还是就业面试,都需要一个安静、私密的空间。图书馆提供的独立研修间可以满足这一需求,并且可以配备录像设备和网络服务。通过预约平台,学生可以方便地使用这些研修间进行远程面试。此外,这些研修间还可以用于学术讨论和小组项目工作,为学生提供一个合作与学习的环境。通过提供这样的空间和设施,图书馆将更好地满足学生的学习和职业发展需求,为他们的个人成长和发展提供有力支持。

7.3　完善基于用户画像的阅读推广保障机制

本书提出了高校图书馆阅读推广服务用户画像框架,并将安徽师范大学图书馆置于此框架下进行实证研究,研究中依据标签体系分析了读者偏好与活跃度特征,并根据不同读者群特征提出了相应阅读推广服务策略。为了高校图书馆阅读推广服务的持续优化,本节将从馆员素养、用户隐私、智慧平台和创新服务四个维度提出基于用户画像的高校图书馆阅读推广服务保障机制。

7.3.1　打造智慧团队,提升馆员素养

图书馆需要打造智慧团队,提升馆员素养,为基于用户画像的高校图书馆阅读推广服务提供人员保障。图书馆馆员是图书馆服务四大要素中的核心要素之一,高质量的阅读推广服务不能缺少专业化的智慧团队协作。国际图联(International Federation of Library Associations and Institutions, IFLA)发布的支撑学习、教学和研究的图书馆十一项核心服务之一为员工新技能与培训;大学与研究图书馆协会(Association of College & Research Libraries, ACRL)指出,促进同事间的有效团队组合是图书馆八个新挑战之一。高校图书馆阅读推广服务的开展离不开专业、智慧馆员的支持与保障。

学术型、专业化的智慧馆员不仅需要熟悉图书馆的相关业务及图书馆学方面的知识,还需要拥有深厚扎实的专业学科知识。具有一定规模的专业馆员团队能够深入各学科领域,全方位服务各类用户。掌

握、熟悉学科知识与发展热点趋势的图书馆智慧馆员能够给予从事科研工作的读者以启发:使其站在学术领域的发展前沿,推动科研创新;能够支撑高校教师与学生的教与学:不仅可以提升教师的教学质量、改进教学方法,还能培养和激发学生的创新能力。

目前高校图书馆信息技术专业人员储备不足,图书馆应当加大对专业型、复合型交叉学科人才的引进力度,这些综合性人才不仅需要较高的信息技术水平,最好还要具有图书情报专业背景。此外,图书馆还要为人才提供充分发挥才智的智能平台,一流人才队伍是高校图书馆阅读推广服务的中坚力量。

对于现任馆员,则需要提高信息化知识水平,加强信息素养培养。图书馆要切实做好馆员业务系统培训,完善继续教育机制,促进人才队伍长效化。馆员自身也需要提高觉悟,自觉学习,将理论付诸实践,在实际工作中提高自我管理能力与服务水平。具有一定信息化能力、专业背景的高素质队伍,能够科学高效管理图书馆,同时也对图书馆智能化建设的深入推进与发展起到推动作用。

7.3.2　保护用户隐私,构建安全机制

图书馆需要加强隐私保护,保障读者权益。数据时代,人们享受数字化生活便利的同时,也承受着个人隐私可能被泄露、侵犯的压力。

我国已于 2018 年起正式实施《中华人民共和国公共图书馆法》,这是我国第一个专门的图书馆法案,在法律层面上反映了我国对于科教文卫领域的重视、图书馆地位的提升。此法案的主体虽然是公共图书馆,但高校图书馆作为图书馆领域的重要组成机构,对于规范高校图书馆工作也能起到参考和借鉴作用。公共图书馆法在"服务"一章中明确图书馆对于读者信息的保护:图书馆应妥善保护读者的个人信息、借阅信息,不得出售或者非法向他人提供;对于违反此项规定者也明确了法

律责任:由文化主管部门责令改正,情节严重的,对负有责任的领导人员和直接责任人员给予处分。此举在法律层面保障了读者的权益,规范了图书馆对读者隐私的保护。

用户画像从本质上来说就是对用户个人信息数据的整理、总结与归纳,若缺少了用户数据,用户画像则是无源之水、无本之木,读者的信息记录越多,所呈现的画像越细致丰富,因此获取完整、全面、样本量尽可能多的用户行为数据,对于用户分析和构建用户画像至关重要;而用户基本信息和行为轨迹等数据对于用户自身来说又属于个人隐私,因此这些数据不仅是构建用户画像的基础数据,还是用户的个人隐私。站在用户和服务提供方角度来说,他们对于用户数据的态度其实是矛盾的。用户可能认为这些数据是其隐私,不应作为服务方分析的数据;而作为服务方则希望得到尽可能多的用户数据,基于大量数据进行的用户分析,更具普适性,其分析结果也会更加科学合理、细致全面。因此服务方与用户的观念需要达成一致,在征得用户同意的基础上对其行为信息进行分析,并在用户数据的储存和构建用户画像的过程中时刻保护用户信息的安全。总之,高校图书馆不仅自身需要严格保护读者信息,还要与合作企业等签订有关读者隐私保护条款,并努力构建读者隐私保护机制,在硬件与软件双重保障下,提升信息保护水平,在各方面确保用户数据时刻处于安全环境之下,以此确保读者权益不被侵犯。

7.3.3　建设智慧平台,推进智能发展

(1)建设综合平台,打破信息孤岛。

第一,多技术协调与标准统一。大数据时代催生出很多新兴技术,近年来物联网技术的发展应用相对较快,但此技术在图书馆领域的实践应用稍显不足。智慧图书馆的建设不是基于单一的技术,它需要多

种技术的相互协调与融合,同时还需要各个系统接口的标准统一,如此才能相互调用数据、支持功能,形成一套完整的图书馆业务服务系统。目前大多数图书馆现状是拥有多种能够实现不同功能目标的系统,而且几乎每个系统相互独立、互不连通,比如门禁系统、借阅系统、座位预约系统等,图书馆内部系统还没有形成一个统一的规范标准,再加上不同图书馆的自身环境就存在差异性,生产智能设备厂家所制定的标准也存在着不一致性,导致这些系统互不兼容,无法进行统一调用,进而无法形成统一集成性的管理与服务系统。这不仅造成了图书馆前期投资成本的浪费,还导致后期维护成本的攀升,同时也会陷入缺乏创新环境的困境,导致无法升级优化服务系统。

第二,打破信息孤岛与高度集成化。为实现图书馆阅读推广服务与整体技术环境智慧化的目标,需要对用户需求进行深度挖掘分析,一体化的智慧环境是进行全面数据分析的基石。图书馆需要探索智能技术与图书馆整体环境相互融合的管理服务模型,促进智能技术与图书馆大环境的有机结合,基于此构建成熟稳定的综合技术管理平台,该平台能够打破异构数据和异构系统之间的隔阂,避免出现"信息孤岛"问题。这种高度集成化的图书馆智慧平台的建立与应用使图书馆阅读推广服务纵深化,也为日后智慧图书馆的发展建设提供了强有力的技术支撑。

(2)增设智能设施,助力智慧服务。

基于用户画像的阅读推广服务主体有两个,一是读者,二是高校图书馆,两者的密切交互更能使用户画像细致精确,图书馆的阅读推广服务也会更加契合读者的需求。用户画像的本质就是用户的各类数据,用户的各项活动轨迹都会被记录在系统的日志文件中,用户行为的变化也反映在数据记录之中,用户画像能够发现读者特征的变化,并针对读者的变化调整服务内容、服务方式。若将情境化的信息融入用户画像之中,则能感知到读者的位置等信息,以此刻画的用户画像也将更立体,其所提供的服务也会更多样。

随着大数据和人工智能技术的发展,图书馆可以利用智能产品进行智慧化个性服务,并分析挖掘这些智能设施的使用情况,丰富用户画像。耶鲁大学图书馆已经为师生提供Google眼镜,以便用户实时接受各类信息服务;对于图书馆举办的文化展览活动,参观者可以通过谷歌眼镜等可穿戴智能设备参观展览,获取相关展品的位置及详细介绍等信息;南京大学自主研发了机器人"图宝",它结合南京大学图书馆自身实际与现实需求能够实现书籍查询盘点、引导和咨询等功能,是高校图书馆与学校、企业合作开发的典型案例。

7.3.4　多元数据集成,促进创新服务

(1)情境感知下的图书馆服务创新。

在科技迅猛发展的时代背景下,智能应用已经成为我们生活中不可或缺的一部分。这种智能化的趋势不仅体现在软件程序上,还包括了智能设施,这些都极人地改变了人们的生活方式,提升了生活品质。在这个背景下,高等院校图书馆作为科学研究服务的重要场所,应当紧跟时代潮流,充分利用自身优势,将情境感知融入服务,以提供更多元化、智能化、个性化的服务,以更全面的方式呈现用户画像。

第一,融入情境感知的多元服务。高校图书馆应当积极地搜集读者信息数据,以构建丰富、全面、多维的读者画像,从而深入了解读者的行为活动、需求偏好和心理特征。通过数据挖掘分析,可以发现读者之间及资源之间的关联关系,从而为读者提供更精准的阅读推广服务。除此之外,情境导航服务也是全关重要的,包括寻书导航服务和座位导航服务,这有助于提高读者的资源获取效率,并为他们提供更便捷的服务体验。此外,个性化平台服务能够让读者无论身处何地都能享受到图书馆的服务,打破了时间和空间的限制,为他们提供了个性化、精准

化的资源与信息服务。

第二，服务创新带来的管理优化。图书馆的管理也将因服务创新而得以优化。通过分析读者活动轨迹和需求，图书馆能够更好地优化空间布置，以满足读者的需求。举例来说，根据读者常去地点调整环境，增设自助服务设施等，这些举措都能够提高服务的便利性。同时，情境感知服务也提高了管理效率，为图书馆管理提供了重要参考。通过合理配置资源，提高管理效率，图书馆能够更好地满足读者的需求，进而推动服务质量的提升。

（2）建立健全的评价与反馈机制。

高校图书馆需要建立一个有效的评价反馈机制，以持续优化其提供的服务。这一机制的核心是倾听用户的意见和建议，因为这对于改进服务至关重要。在提供阅读推广服务方面，高校图书馆应该积极获取读者的评价和反馈，并根据他们的需求来优化服务。

第一，建立反馈平台。为了让用户更加方便地提出意见和建议，可以建立一个专门的反馈平台。这个平台可以包括网站上的在线反馈表单、社交媒体上的留言板、移动应用内的意见反馈功能等。同时，还可以设置一个专门的"读者心声"栏目，定期发布用户的反馈内容，并回应和解答一些重要问题，增强用户参与感。

第二，定期分析与改进。搜集用户的反馈意见和行为数据，并定期进行分析和总结。通过对反馈数据的深入分析，可随时发现存在的问题和不足，并采取有效的措施改进和优化。同时，还应该及时向用户反馈改进措施的结果，通过举办用户参与和互动活动，促进用户与图书馆的交流，增强用户对图书馆的信任。

第三，持续优化服务。通过建立高效的评价反馈机制，高校图书馆能够更加全面地了解用户的需求和期望，及时发现并解决存在的问题，持续优化提供的阅读推广服务。这不仅能够提升用户的满意度和忠诚度，也能够加强图书馆与用户之间的互动关系，建立良好的品牌形象和口碑。

参考文献

外文期刊

[1]Bishop J , Lewis P R .BLAISE–LINE and the British National Bibliography : profiles of users and uses[J].Journal of Librarianship and Information Science , 1985 , 17（2）: 119–136.

[2]Billsus D A , Pazzani M J.A hybrid user model for news story classification[C].International Conference on User Modeling , Adaptation , and Personalization.Springer , Vienna , 1999.

[3]Nasraoui O , Saka E .Web Usage Mining in Noisy and Ambiguous Environments : Exploring the Role of Concept Hierarchies , Compression , and Robust User Profiles[J]. Web to Social Web Discovering & Deploying User & Content Profiles , 2006 , 4737 : 82–101.

[4]Saleh A G.Meeting the Information Needs of Remote Library Users : The Case of University of Maiduguri Distance Learning Programme[J].Journal of Information and Knowledge Management , 2014 , 5（2）: 1–16.

[5]Karunanayake K G D A , Nagata H .Four Types of Undergraduate Library Users , Based on Their Profile of Library Use , Knowledge and Perceptions [J].Libres , 2014 , 24（1）: 11–20.

[6]Al-Shboul, Mohammad Khaled, Abrizah.Information Needs: Developing Personas of Humanities Scholars[J]. The Journal of Academic Librarianship, 2014, 40(5): 500-509.

[7]Teixeira C, Pinto J S, Martins J A.User Profiles in Organizational Environments[J].Campus-Wide Information Systems, 2015, 25(25): 329-332.

[8]Amoretti M, Belli L, Zanichelli F.UTravel: smart Mobility with a novel user profiling and recommendation approach[J]. Pervasive and mobile computing, 2017, 38(2): 474-489.

[9]Karlsson, Josefine, van den Broek, Paul, Helder, Anne, et al.Profiles of young readers: Evidence from thinking aloud while reading narrative and expository texts[J].Learning and Individual Differences, 2018, 67: 105-116.

[10]Daniel L. Dinsmore, Emily Fox, Meghan M. Parkinson, et al. Using Reader Profiles as Snapshots to Investigate Students' Reading Performance[J]. The Journal of Experimental Education, 2019, 87(3): 470-495.

[11]Amelie Rogiers, Hilde Van Keer, Emmelien Merchie, et al.The profile of the skilled reader: An investigation into the role of reading enjoyment and student characteristics[J].International Journal of Educational Research, 2020, 99: 101512.

中文期刊

[1]李三凤.近年图书馆信息营销研究综述[J].情报探索, 2010(5): 14-15.

[2]吴雪芝, 孙书霞, 钟文娟.美国大学图书馆按量付费期刊采购案例分析及思考[J].大学图书馆学报, 2013, 31(4): 9-13.

[3]杨新涯.图书馆: 更主动, 更精准[J].中国教育网络, 2014(1): 26.

[4]范并思.阅读推广与图书馆学: 基础理论问题分析[J].中国图书馆

学报,2014,40(5):4-13.

[5]许春漫,陈廉芳.高校图书馆智慧服务模式下智慧馆员队伍的建设[J].情报资料工作,2014(1):87-91.

[6]李海霞.全民阅读与高校阅读推广[J].出版广角,2015(8):114-116.

[7]吴明礼,杨双亮.用户画像在内容推送中的研究与应用[J].电脑知识与技术,2016,12(32):255-259.

[8]马蕾.基于流通数据分析的高校图书馆馆藏资源建设研究——以长江大学武汉校区图书馆中文图书为例[J].农业图书情报学刊,2016,28(11):37-41.

[9]曾建勋.精准服务需要用户画像[J].数字图书馆论坛,2017(12):1.

[10]陈慧香,邵波.国外图书馆领域用户画像的研究现状及启示[J].图书馆学研究,2017(20):16-20.

[11]张钧.基于用户画像的图书馆知识发现服务研究[J].图书与情报,2017(6):60-63.

[12]唐斌.图书馆精准服务:内涵、机制与应用[J].图书馆工作与研究,2017(5):9-13.

[13]丁雷.大数据环境下高校图书馆用户画像与特征研究[J].中国科技信息,2018(24):59-62,64.

[14]陈添源.高校移动图书馆用户画像构建实证[J].图书情报工作,2018,62(7):38-46.

[15]陈臣,马晓亭.基于小数据的图书馆用户精准画像研究[J].情报资料工作,2018(5):57-61.

[16]王顺箐.以用户画像构建智慧阅读推荐系统[J].图书馆学研究,2018(4):92-96.

[17]吴小梅.高校图书馆阅读推广服务的必要性与对策[J].河南图书

馆学刊,2018,38(2):33-35.

[18]闻波,周海晨,王栩.国内省级公共图书馆微信公众号推送文章研究:基于 Tableau 与 WCI 的分析[J].图书馆杂志,2018,37(4):58-65.

[19]武洪兴.全民阅读背景下公共图书馆残疾人精准服务探析[J].图书馆工作与研究,2018(10):113-117,128.

[20]孙守强.基于用户画像的智慧图书馆个性化服务研究[J].图书馆工作与研究,2019(7):60-65.

[21]何娟.基于用户个人及群体画像相结合的图书个性化推荐应用研究[J].情报理论与实践,2019,42(1):129-133,160.

[22]都蓝.基于用户画像的高校图书馆年度阅读报告研究[J].图书馆杂志,2019,38(04):27-33,40.

[23]肖珑,刘雅琼,张春红."浅阅读"时代高校图书馆的"深阅读"服务——以"北大读书讲座"为例[J].大学图书馆学报,2019,37(6):119-125,99.

[24]单轸,邵波.国内图书馆领域用户画像研究的冷思考:困境与出路[J].图书馆学研究,2019(5):8-13,30.

[25]王贵海,孙鹏.我国阅读推广研究演进路径、热点与趋势分析——基于 CiteSpace 的可视化分析[J].图书馆工作与研究,2020(3):49-54.

[26]肖海清,朱会华.基于参与式用户画像的高校图书馆精准阅读推广模式构建[J].图书馆工作与研究,2020(6):122-128.

[27]刘海涛.高校图书馆阅读推广策略与趋势研究——基于"第四届全国大学生阅读推广高峰论坛"的思考[J].图书馆工作与研究,2020(7):114-120.

[28]陈群.图书馆嵌入式阅读推广服务研究[J].图书馆工作与研究,2020(10):123-128.

[29]胡东,刘春雷.浙江省公共图书馆藏书剔除工作的现状及对策

研究[J].图书馆研究与工作,2020(9):64-68.

[30]张婷婷.融合情境的智慧图书馆动态精准阅读推广服务研究[J].图书馆研究与工作,2022(12):56-61.

[31]陈大庆.新时代图书馆数字化转型的思考[J].大学图书馆学报,2022,40(6):14-16.

[32]储节旺,杜秀秀,李佳轩.人工智能生成内容对智慧图书馆服务的冲击及应用展望[J].情报理论与实践,2023,46(5):6-13.

专著

[1]国家税务总局教材编写组.数据库与数据仓库[M].北京:人民出版社,2004.

[2]易丹辉.统计预测[M].北京:中国统计出版社,2004.

[3]陶靖轩.经济预测与决策[M].北京:中国计量出版社,2004.

[4]薛微.SPSS数据分析方法及应用[M].北京:电子工业出版社,2004.

[5]库珀.交互设计之路[M].北京:电子工业出版社,2006.

[6](加)Jiawei Han,Micheline Kamber.数据挖掘概念与技术[M].范明,孟小峰,译.北京:机械工业出版,2006.

[7]宇传华.SPSS与统计分析[M].北京:电子工业出版社,2007.

[8]张妙华,武丽志.远程教育学:学与教的理论和方法[M].广州:华南理工大学出版社,2008.

[9]熊平.数据挖掘算法与Clementine实践[M].北京:清华大学出版社,2011.

[10](美)Pang-Ning Tan,Michael Steinbach,Vipin Kumar.数据挖掘导论[M].2版.范明,范宏建译.北京:人民邮电出版社,2011.

[11]陈燕.数据挖掘技术与应用[M].北京:清华大学出版社,2011.

[12]刘伟江.商务智能概念、方法及在管理中的应用[M].北京:社会

科学文献出版社,2012.

[13]赵俊玲,郭腊梅,杨绍志.阅读推广:理念·方法·案例[M].北京:国家图书馆出版社,2013.

[14](美)Ashutosh Nandeshwar.Tableau数据可视化实战[M].北京:机械工业出版社,2014.

[15]王宇,曲刚.管理信息系统[M].北京:电子工业出版社,2014.

[16]李明.R语言与网站分析[M].北京:机械工业出版社,2014.

[17]吴骏.SPSS统计分析从零开始学[M].北京:清华大学出版社,2014.

[18]黄孝平.基于遗传神经网络的倒立摆控制研究[M].重庆:重庆大学出版社,2014.

[19]谷斌.数据仓库与数据挖掘实务[M].北京:北京邮电大学出版社,2014.

[22]郑岩.数据仓库与数据挖掘原理及应用[M].2版.北京:清华大学出版社,2015.

[21]李杰,陈超美.CiteSpace科技文本挖掘及可视化［M］.北京:首都经济贸易大学出版社,2016.

[22]王余光,霍瑞娟.大学图书馆阅读推广[M].北京:朝华出版社,2017.

[23]刘珊.大数据与新媒体运营[M].北京:中国传媒大学出版社,2017.

[24]王京生,徐雁.书香满园 校园阅读推广[M].深圳:海天出版社,2017.

[25](美)本杰明·班福特,珍妮·基姆.Hadoop数据分析[M].王纯超,译.北京:人民邮电出版社,2018.

[26]赵宏田.用户画像[M].北京:机械工业出版社,2019.

[27]李明.高校图书馆阅读推广研究[M].北京:朝华出版社,2019.

[28]傅春平.公共图书馆智慧服务的探索与实践:以深圳市福田区总分馆为例[M].广州:世界图书出版广东有限公司,2020.

[29]杨楠楠.数据产品经理:实战进阶[M].北京:机械工业出版社,2020.

[30]薛薇.SPSS Modeler数据挖掘方法及应用[M].北京:电子工业出版社,2020.

[31]肖君.教育大数据[M].上海:上海科学技术出版社,2020.

[32]施强.大数据、知识服务与当代图书馆学[M].杭州:浙江大学出版社,2020.

[33]林鹤,曹磊,夏翠娟.图情大数据[M].上海:上海科学技术出版社,2020.

[34]王志.大数据技术基础[M].武汉:华中科技大学出版社,2021.

[35]刘海鸥,苏妍嫄,张亚明,等.移动图书馆用户画像情境化推荐服务研究[M].北京:经济科学出版社,2021.

[36]刘春燕,司晓梅.大数据导论[M].武汉:华中科技大学出版社,2022.

[37]赵宏田.用户画像全渠道画像方法与实践[M].北京:机械工业出版社,2023.

[38]张型龙.用户画像平台构建与业务实践[M].北京:机械工业出版社,2023.